AF476289

LES FÉES DU MOYEN-AGE.

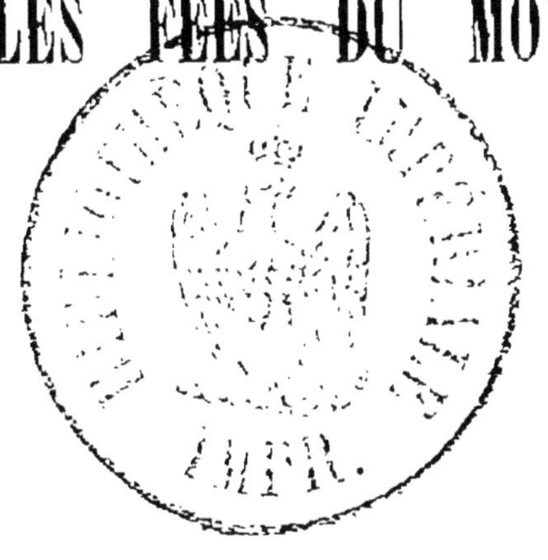

Typographie VINCHON, 8, rue J.-J. Rousseau.

LES FÉES DU MOYEN-AGE,

RECHERCHES

SUR

LEUR ORIGINE, LEUR HISTOIRE ET LEURS ATTRIBUTS,

pour servir

A LA CONNAISSANCE DE LA MYTHOLOGIE GAULOISE,

PAR

L. F. ALFRED MAURY,

Membre de la Société royale des Antiquaires de France, des Sociétés Asiatique et Ethnologique de Paris, etc., etc.

Fairies black, gray, green and white
You moonshine revellers and shades of night,
. . . .
Attend your office and your quality.

SHAKESPEARE, *Merry Wives of Windsor*, act. v, scène v.

PARIS,

LIBRAIRIE PHILOSOPHIQUE DE LADRANGE,

Quai des Augustins, 19.

1843.

A

Monsieur le Comte de **Clarac,**

Membre libre de l'Institut royal de France, Officier de la Légion-d'Honneur, Chevalier de St-Louis, de Malte et de Ste-Anne de Russie, Conservateur des Antiques du Musée royal du Louvre, des Académies de Berlin et de Turin, de l'Institut archéologique de Rome, etc., etc.;

HOMMAGE RESPECTUEUX D'AFFECTION
ET DE RECONNAISSANCE.

L'AUTEUR.

PRÉFACE.

Depuis que l'on a porté dans les études relatives au moyen-âge, un esprit d'analyse et de critique qui leur avait d'abord manqué, les superstitions de cet âge crédule et naïf ont dû être examinées comme un des traits qui le caractérisent. Les fées occupent incontestablement l'un des premiers rangs dans les traditions populaires de notre contrée. Le tableau complet de leur mythologie, présenté dans un ordre systématique, pourrait donc jeter quelque jour sur la question des origines celtiques. Le sentiment religieux si profondément gravé dans le cœur, que l'homme ne quitte guère plus sa foi que sa langue, est un des attributs distinctifs de celui-ci ; ainsi, l'on peut appeler l'étude des religions aussi bien que celle de la linguistique et de l'anthropologie, à l'œuvre commune du débrouillement des origines d'une nation. Bien des auteurs avaient avant moi parlé des fées, exprimé sur leur nature, leur opinion personnelle. Tantôt on les faisait descendre des nymphes et des parques, tantôt des druidesses. Depuis Gabriel Naudé, Ste-Foy et D. Martin, M. Th. de la Villemarqué, dans deux publications pleines du plus vif intérêt sur les chants et les contes populaires de la Bretagne, a jeté une lumière inattendue sur ce problème historique. J'avais déjà entrepris mes recherches, lorsque j'ai connu ces deux ouvrages; ils sont venus donner plus de force aux idées que je m'efforçais de faire prévaloir, et mon travail leur doit sans contredit une bonne partie du faible mérite qu'il peut présenter.

J'ai tâché, ainsi qu'on le verra, de montrer comment dans des investigations de ce genre, il ne faut négliger aucun élément de la question et combien il serait dangereux de se ranger tout d'abord pour une opinion exclusive. En matière de légendes et de superstitions populaires, rien n'est arrêté, limité; tout se confond et se mêle; le cercle dont on cherche à s'entourer, pour les examiner, doit donc se déplacer et s'étendre, suivant les époques et les lieux. J'ai rassemblé tous les rapprochements, toutes les analogies qui pouvaient amener à la découverte du véritable berceau des fées, et ces matériaux une fois réunis, j'ai essayé de les rétablir dans l'ordre que leur assigne l'histoire. C'est cette reconstruction que je revendique comme mon œuvre plus particulière; les faits sur lesquels je me suis appuyé, avaient déjà en grand nombre été rassemblés avant moi.

LES FÉES DU MOYEN-AGE.

Le sentiment religieux s'éveille surtout pour l'homme, en présence du spectacle imposant de la nature; mais suivant la physionomie de celle-ci, il prend un caractère différent et s'attache à des objets divers. Sous le ciel brumeux et triste de la Celtique ou de la Germanie, l'esprit n'est point affecté des mêmes impressions que sous le soleil brûlant de l'Afrique, ou sous l'atmosphère molle et vaporeuse de la Toscane. Devant les granites sévères de l'Armorike que la mer vient souvent ronger de ses flots écumeux, à l'entrée de ces forêts ténébreuses et profondes, telles que celles d'Hercynie ou des Ardennes, le long de ces fleuves majestueux aux bords romantiques et solitaires, tels que le Rhin ou la Loire, au milieu de ces landes stériles, de ces immenses bruyères, de ces dunes mobiles de l'Aquitaine ou de la Domnonée, l'imagination est saisie d'une pensée grave et rêveuse; elle ne s'allume pas d'un enthousiasme soudain; elle ne se berce pas dans des idées voluptueuses et riantes, comme elle le fait en face des scènes grandioses de l'Inde ou de l'Egypte, des vallées fraîches et fleuries de la Thessalie, des jardins magnifiques de la Perse. La pensée religieuse semble grandir avec la végétation, avec la force vitale d'expansion qui nous entoure. On pourrait la comparer à cette herbe modeste et humble de taille qui parcourt en un an le cercle de ses destinées, mais qui, transportée sous un climat plus actif, sous l'influence d'agents atmosphériques plus énergiques, s'élance fièrement en arbuste ligneux et se transforme même en un arbre d'une majestueuse procérité! L'étude des religions met tous les jours en lumière ces oppositions dans le caractère des croyances de chaque peuple, nées de la dissemblance des contrées qu'ils habitent. Qu'il y a loin de ce Dieu si vaste et si incompréhensible des Indous, de ce Brahm, qui se cache dans d'insondables profondeurs pour l'intelligence humaine, à ce Dieu grossier du Kamtschadal, dont la figure est un pieu informément taillé, planté près du foyer d'un iourte misérable ! On comprend donc que dans la Germanie, la Gaule et l'Helvétie, la religion ne se manifestât pas avec le gracieux cortége dont elle s'entourait dans la Grèce. Un site monotone et austère n'évoquait dans les âmes des Celtes hardis et farouches, que des croyances terribles, que des conceptions religieuses simples et sévères comme la nature qui les environnait. Des divinités impitoyables régissaient à leurs yeux l'univers, et faisaient pleuvoir sur les mortels les désastres et les maladies. Pour les nations septentrionales, aux regards desquelles s'offraient sans cesse des scènes de mort et de destruction, le spectacle effrayant de longues nuits, la pensée du néant venait se mêler à toutes les croyances et les dominait tout entières. Le trépas, la terreur, la souffrance, semblaient des caractères plus particuliers aux Dieux, que l'amour, la justice et la bonté ; ces fléaux étaient les attributs divins par excellence, et tant paraissait fatale et nécessaire aux Scandinaves cette loi de la destruction et de la mort, qu'ils y soumettaient leurs divinités elles-mêmes, lors de ce grand crépuscule qui devait éclairer les derniers instants de la nature.

Les météores étonnaient surtout l'esprit de ces anciens peuples, et c'était dans ceux dont ils redoutaient davantage les effets, qu'ils reconnaissaient plus particulièrement l'intervention divine.

Tarann [1] frappait souvent de la foudre la cime orgueilleuse de leurs montagnes, et Kirk [2] faisait souffler un vent desséchant et impétueux. Au sein de cette Gaule que le soc de la charrue n'avait pas encore transformée en un des pays les plus riches de l'Europe, l'eau, la terre, la pierre et le bois, éléments premiers de l'industrie, étaient presque les seuls dons que le créateur eût départis aux habitants, dons précieux qui leur apparaissaient comme autant de divinités bienfaisantes révélant leur présence par ces objets grossiers en apparence, et dont la puissance mystérieuse devait être invoquée et bénie.

Avant qu'Esus le conquérant eût apporté le druidisme, né des croyances orientales, l'adoration des fleuves, des forêts, des pierres, des lacs, des monts et des fontaines constituait tout le culte de nos ancêtres. Le druidisme ne le détruisit pas, il se combina seulement avec lui [3]. Des inscriptions latines ne nous laissent aucun doute à cet égard [4]. Les Vosges étaient pour les Celtes le dieu Vosège[5],

1 Cf. Lucani Phars., lib. 1, v. 446.

2 Voyez sur le dieu Kirk on Circius, D. Martin, Religion des Gaulois, t. 2, liv. 4, c. 9.

3 Cf. Maxim. Tyr., serm. XXXVIII.

4 MONTI || BVS. Q. G. || AMOBNVS || S. V. L. M., inscription trouvée à Auch. Orelli. inscr. lat. select., no 2107. — SEX. ARBORIBVS || Q. RVFIVS || GERMANVS. V. S. Inscript. trouvée au même endroit Orelli., no 2108.

5 Orelli, no 2072.

les Alpes, le dieu Pennin [1]; la forêt des Ardennes, la déesse Arduinna [2]; le Rhin [3], le Danube [4], étaient honorés comme des divinités; les sources thermales étaient invoquées sous le nom de la déesse Sirona [5].

Les Bretons rendaient aussi un culte à l'eau courante, aux fontaines, aux pierres et aux forêts, comme nous l'apprend un édit du roi Canut [6].

Rome, qui plaçait dans son Panthéon les dieux de tous les peuples dont elle envahissait le territoire, confondit dans son vaste polythéisme les divinités de la Celtique et de la Germanie; et lorsque les inscriptions nous révèlent l'existence de divinités topiques, de croyances locales, elles nous les montrent déjà transformées par l'influence latine. Le nom du dieu romain a été accolé à celui du dieu celte avec le caractère ou les attributs duquel

1 Cf. T. Liv., l. XXI, c. 38.

2 Orelli, n° 1960.

3 Cf. Steiner, Codex inscriptionum latin. Rhen., n° 929; et Orelli, n° 1650.

4 Cf. Am. Thierry, Histoire des Gaulois, t. 2, ch. 1, part. 2, p. 69, 2e édit.; et Orelli, n° 1651.

5 Cf. Steiner, n° 305. Lorsque le culte romain eut remplacé le paganisme gaulois, Vénus Anadyomène succéda sans doute à Sirona; au moins le grand nombre de statuettes de cette déesse, qu'on a trouvées dans des thermes établis par les anciens près des sources minérales, le donnerait à penser. Plusieurs de ces statuettes ont été découvertes à Vichy.

6 L. L. Politic. Canuti regis, c. 5, ap. Lindenbrog in Glossar., p. 1473.

il offrait sans doute quelque analogie. C'est ainsi qu'Ogmius devint Hercule Ogmius ; Grannus, Apollon Grannus ; Abnoba et Arduinna, Diane Abnoba et Arduinna ; Visucius, Mercure Visucius. La racine de tous ces mots, étrangère au latin, dénonce la confusion que le peuple-roi s'efforçait d'opérer entre toutes les religions, pour les ramener à la sienne et étreindre par un même lien sacerdotal ceux qu'il étreignait déjà par un même lien politique[1]. Quelquefois le nom primitif du dieu a tout-à-fait disparu ; le nom latin est resté seul. Mais malgré cette substitution d'un nom nouveau, il est presque toujours aisé de reconnaître la divinité nationale originaire. Que de fois on a retrouvé dans la France et l'Allemagne des inscriptions qui sont relatives aux nymphes, aux *sulèves*, aux sylvains, aux *junones*, et qui font voir combien le culte de ces divinités secondaires était répandu dans les contrées gauloises, germaniques et bretonnes. Tantôt c'est un *præfectus aquæ* qui, sur les bords du Rhin, dresse un autel aux nymphes qui président aux ondes sacrées du fleuve[2] ; tantôt c'est une

[1] Rome se soumit elle-même aux divinités étrangères ; elle les reçut dans son sein, et par ce lien, le plus fort qui soit parmi les hommes, elle s'attacha des peuples qui la regardèrent plutôt comme le sanctuaire de la religion que comme la maîtresse du monde. » Montesquieu, Politique des Romains dans la religion.

[2] IN. H. D. D. || DEABVS. NIM || PHIS. SIGNA ET || ARAM C. CA || RANTINIVS || MATERNV || S. PRAEFECT

druidesse, Arète, qui, sur l'ordre d'un songe, consacre un *ex voto* aux sylvains et aux nymphes du lieu [1]; une autre fois ce sont des charpentiers (tignarii) de Feurs qui réparent un temple de Syleianus ou Sylvain [2]. Ne voilà-t-il pas des monuments qui attestent que le culte des bois, des eaux et des fontaines s'était encore conservé dans la Gaule pendant la domination romaine? Dans ce lac dédié à Apollon et situé près de Toulouse, lac qui recevait les offrandes d'or et d'argent qu'y venaient jeter les Tectosages, ne retrouve-t-on pas également l'antique adoration des eaux [3]?

Non seulement les peuples de la Gaule et de la Germanie adressaient leurs vœux aux agents physiques de la nature qui étaient pour eux les manifestations de puissances divines cachées, mais chaque ville plaçait encore son territoire sous la garde d'une divinité particulière avec laquelle cette ville, ce territoire étaient pour ainsi dire identifiés. Cette croyance à des divinités autochthones et to-

|| VS. AQVE || V. S. L. L. M. Inscription trouvée à Castel, près de Mayence. Cf. Steiner, n° 338.

1 SILVANO || SACR || ET NYMPHIS LOCI || ARETE DRVIS || ANTISTITA || SOMNO MONITA || D. Inscript. trouvée près de Metz. Steiner, n° 994.

2 DEO SYLEIANO || FABRI TIGNUARII QUI || FOR. SEC. CONSISTVNT || R. S. P. R. Cf. Martin, Religion des Gaulois, t. 1. p. 190.

3 Aul. Gell., lib. 3, c. 9; Oros., lib. 5, c. 15; Cicer., de natura Deorum, lib. 3, n° 21.

piques, vestige épuré du fétichisme plus grossier dans lequel la terre elle-même recevait un culte, exerçait une heureuse influence sur le patriotisme des Gaulois; elle attachait par le lien le plus sacré, l'homme au sol qui l'avait vu naître, en transformant ce sol même en une divinité qui vivait en lui et en protégeait les habitants. Les dieux ne faisaient qu'un avec la patrie : abandonner son toit, sa cité, c'était quitter sa religion. Cette idée retint plus d'une fois le Gaulois prêt d'émigrer, de délaisser un sol ingrat pour une terre plus féconde; elle contribuait aussi à réveiller dans l'âme de celui qui avait quitté sa demeure, la pensée du retour. Il n'y avait pas, sans doute, que les Celtes et les Germains qui eussent ainsi divinisé leurs villes, afin d'y attacher davantage les citoyens; dans toute l'antiquité, chaque peuple eut ses dieux, comme ses lois, distincts de ceux des autres peuples; dieux qui prenaient fréquemment leur nom de celui de la nation ou de la cité qui les invoquait. Athènes et Rome, personnifications des deux plus célèbres villes de la Grèce et de l'Italie, étaient regardées comme des déesses. Mais chez les Gaulois, cette localisation religieuse était le fondement même de leur mythologie [1]. Chaque divinité était affectée à

[1] C'est ce qui nous est démontré par les fréquentes inscriptions que l'on trouve dans la Germanie et la Gaule, et qui sont consacrées au *genius loci*. Les Romains avaient substitué cette divinité qui appartenait à leur religion et auquel ils

une ville, de laquelle elle empruntait son nom : *Nemausus* veillait sur Nismes, *Vesontio* sur Besançon, *Lexovia* sur Luxeuil, *Nennerius* sur Néris, *Cambonia* sur Cambon, *Solimara* sur Soulosse (Solimariaca)[1]. Plus souvent c'étaient plusieurs divinités réunies qui étendaient à la fois leur protection sur une peuplade, sur un territoire. On ne les désignait pas par un autre nom que celui de cette même peuplade, de ce même territoire. A Rumenheim, elles s'appelaient *Rumanehæ*[2]; à Hamm, *Hamavehæ*[3]; à Trèves, *Treveræ*[4]; à Quadruburgum (Wasserburg), *Quadruburgæ*[5]; chez les Gallaici ou Callaici, *Gallaicæ*[6]; et lors même qu'on ne reconnaît pas quel était le peuple qui les honorait d'une manière spéciale, la terminaison seule de leur nom indique qu'il est dérivé d'un nom de peuple ou de ville[7].

associaient toujours un grand dieu, à la divinité topique. Cf. Fr. Lehne, Sammtliche Werke herausg. von Külb, t. 1, p. 190 et sv.

1 Cf. Beaulieu, Archéologie de la Lorraine, t. 1, p. 160 et suiv.

2 Steiner, nº 926.

3 Steiner, nº 718.

4 Steiner, nº 634.

5 Steiner, nº 921.

6 Keysler, Antiquit. selectæ septentrionales et celticæ, p. 436.

7 Tels sont les surnoms de *Vediantæ* qui figure dans une inscription trouvée près de Nice. Spon. Miscell., p. 104, 75; Orelli, nº 2093; de *Gerudiatæ* qu'on lit sur un autel trouvé

Ces divinités étaient ordinairement représentées par trois femmes portant dans leurs mains des fleurs, des fruits et des pommes de pin [1]; elles sont désignées dans les inscriptions par les épithètes de *matres*, *matronæ*, *mairæ*. Les premiers de ces noms, empruntés à la langue latine, font voir que le polythéisme romain s'était associé à ces divinités locales, en leur imposant un surnom qui servait à qualifier plusieurs de ces déesses [2]; de même qu'il substituait les nymphes, les sylvains et les campestres de l'Italie aux esprits des rivières, des bois et des fontaines, adorés dans la Celtique, il remplaçait les divinités topiques dont nous venons de parler, par les *fata* ou *parques*. Celles-ci rappe-

à St-Estève en Provence. Spon., Ignot. deor. aræ, p. 251, 32; de *Gesatinæ* qu'on voit dans une inscription du Musée de Manheim, trouvée à Rödingen. Gräff, Das Grossherzogl. Antiquarium in Manheim, 1, p. 19; et de *Mopatæ*, sur une inscription trouvée à Nimègue. Spon. Miscell., art. 77, p. 105.

[1] Dans une inscription trouvée à Juliers en 1784, on voit trois figures de femmes qui tiennent des corbeilles pleines de fruits; on lit : MATRON. GESATVIENIS || M. IVL. VALENTINUS || ET IVL. IVSTINA || EX IMPERIO. IPSARVM. L. M., Gräff., Grossh. Antiq. in Mannheim, 1, p. 16. Sur une inscription trouvée à Anweiler, près de Wachlendorf, et qui porte : MATRONIS. VACALLI || NEHIS. TIB. CLAVDI || MATERNVS. IMP. M. || ......L. M., on voit aussi trois femmes portant des fruits dans leur sein. Steiner, nº 908. Ces trois femmes figurent également sur une autre inscription qui se voyait sur le portail de l'église d'Aisnay; elles portent des pommes de pin. On lit : MAT. AVG. PIC. EGN. MED. Menestrier, Histoire de Lyon, II, p. 443.

[2] Cf. Orelli, 2085.

laient en effet par leurs attributs les *deæ patriæ* et *indigetes* de la Gaule et de la Germanie. Dans l'antiquité, les parques veillaient à la prospérité des hommes, présidaient à leurs destinées, comme les *mairæ* gauloises; comme elles, elles protégeaient les villes et les nations. Le nom grec des parques, Μοῖραι, rappelle le nom même de *mairæ;* à moins qu'on ne préfère chercher l'étymologie de celui-ci dans le celte *mar*, *meir*, *merc'h*, fille, vierge, identique au scandinave *moer* et à l'anglais *maid*.

Les parques avaient été d'abord chez les Grecs en nombre indéterminé, ou pour mieux dire, la parque fut à l'origine la déesse des destinées de chaque mortel. Le nom de Μοῖρα n'était pas alors un nom propre, mais un mot destiné à rendre l'idée de sort et de destin. C'est dans ce sens qu'Homère, qui ne parle jamais que d'une parque, a dit : Μοῖρα θεοῦ, θεῶν [1], Μοῖρα θανάτοιο [2].

Plus tard on fixa le nombre des parques à trois, d'après la donnée d'Hésiode [3], on les nomma Lachesis, Clotho et Atropos; on les appelait tantôt filles de Jupiter et de Thémis [4], tantôt de l'Erèbe et de la Nuit [5], tantôt du Temps et de la Nuit ou de la

[1] Odyss. III, v. 269; XI, v. 291.
[2] Odyss. II, v. 10; III, v. 328.
[3] Hesiod., Theog., v. 217.
[4] Idem.
[5] Cicer., de Nat. Deorum, III, 217.

Terre et de la Mer[1]. On leur attribua également pour mère, la Nécessité [2]. On les représentait dans des monuments votifs presque semblables à ceux que nous avons trouvés existants pour les déesses-mères[3]. On figurait les parques couronnées de fleurs, avec un sceptre ou bâton à la main[4]; on leur dressait des temples et des autels [5]. Les fata se rattachaient en outre aux junones, aux campestres, aux nymphæ, à toutes les divinités champêtres. Le nom de *fatuæ*, souvent donné aux nymphes, était emprunté au même radical que le nom de *fatum*[6]. Ce radical *fat* renfermait l'idée d'avenir et de destin. Les parques tenaient ainsi à la fois des divinités champêtres et des divinités généthliaques; et si, d'une part, elles partageaient avec Lucine et les *junones* les fonctions d'*obstetrices* [8], de l'autre elles étaient redoutées des habitants des campagnes, et c'était

[1] Athenag., 15; Lycoph. Alex., 144; Tzetzes ad Lyc., v. 406.

[2] Platon., Resp. X, p. 617.

[3] On voit ces trois femmes représentées au-dessus d'une inscription trouvée à Valence en Espagne, et rapportée par Gruter, XCVIII, 1; elle porte : FATIS || Q. FABIVS || EX VOTO.

[4] Mus. Pio-Clement., t. 6, tav. B.

[5] Pausan. Corinth., c. XI; Lacon., c. XI; Phoc., c. XXIV; Onuphr. Panin. ap. Rosin., lib. I, c. 13, p. 50.

[6] Voss. Erkl. Virg. IV, 46. Cf. Hartung, Die Religion der Römer, II, 231 et sv.

[7] Δειναὶ θεαὶ ἀγροιώταις, a dit Théocrite, Idyll. XIII, v. 44.

dans les vallées de la Phocide, qu'on plaçait leur séjour [1].

Il semble donc probable que le culte des parques, de ces *dominæ fati*, comme les appelle Ovide [2], fut associé, confondu même avec celui des divinités topiques dont nous avons parlé plus haut, et cela, sans doute à l'époque où l'on imposa à celles-ci les surnoms de *matræ* et de *matronæ*. L'association s'étendit même jusqu'aux *junones*, aux nymphes, aux sylvains, et en général à toutes les divinités champêtres des romains, dont plusieurs recevaient, ainsi que nous l'avons déjà remarqué, les titres de *matres* et *matronæ* [3].

Nous rencontrons également des inscriptions qui donnent aux nymphes des épithètes tirées du nom de la localité [4], système de dénomination qui nous reporte tout de suite à celui qui était suivi pour les déesses-mères et parfois pour les *fata* [5]. Si l'on adopte l'étymologie donnée par Keysler, le nom d'*Au-*

1 Hom., Hymn. in Mercur. 552.

2 Trist., V. 3, 17.

3 Telles sont les inscriptions suivantes : IVNONIB. || MATRON || EX VISV || C. VIR. MAX. Orelli, n° 1326. — MATRONIS || IVNONIBVS || VALERIVS || BARONIS. F. || V. S. L. M. Besutii in agro Mediolanensi., Murator. XCIII, 4; Orelli, 2085.

4 Cf. Orelli, n° 1774; Gruter, XCIV. 7; Murator. LXXXVII, et Keysler, Antiq. septentr., p. 382 et sq.

5 Dans cette inscription, citée par Orelli : FATIS || DERVONIBVS || V. S. L. M. M. RVFINVS || SEVERVS, n° 1774, le nom de *Dervo* paraît être un surnom tiré de la localité.

fanæ porté par certaines divinités décorées aussi du nom de *matres*, désignerait encore des déités des vallées et des campagnes [1]. La déesse Neha-Lennia, dont le culte répandu chez les habitants de la Zélande, se rattachait à celui de ces divinités-mères, présidait, suivant les conjectures de M. Marchal, à la culture des plaines et rappelait par ses attributs la Pomone italique [2]. Toutes ces immortelles habitantes des forêts de l'Allemagne et de la Gaule, des bords du Rhin et de la Loire, ces vierges divines [3], invoquées comme les protectrices des champs et du sol, ne formaient donc qu'une immense famille à laquelle on adressait les mêmes vœux et on dressait les mêmes autels.

A l'avènement du christianisme, que devint le culte des déesses-mères, celui des nymphes, des *sulèves*, des sylvains, des *junones*, qui lui était associé? Disparut-il sans laisser aucune trace, aucun souvenir dans l'esprit du peuple? Fut-il anéanti tout à coup, avec ces temples de Jupiter et de Mercure que les premiers apôtres de la Gaule

[1] Ce mot viendrait, suivant cet auteur, Antiq. sept., p. 427, de *Aue*, vallée fertile et boisée, et *Fan*, seigneur, maître.

[2] Cf. Compte-rendu de l'académie royale de Bruxelles, 15 janvier 1842.

[3] Ces déesses ont été quelquefois désignées simplement par l'épithète de *vierges*, comme dans cette inscription : SANCTIS || VIRSINIBVS (virginibus) || CAP. AVIDVS || CAMPANA || POSVERVNT. Gruter, p. 112, n° 13.

renversèrent dans leur impétueuse indignation contre le paganisme? On répondrait non, à ne juger que d'après l'ordre des révolutions religieuses, que d'après ce que l'on sait de la persistance et de la tenacité des croyances, surtout chez un peuple ignorant et entêté, tels qu'étaient les Celtes, et comme sont encore les paysans bas-bretons; on répondra doublement non, lorsqu'on aura étudié les témoignages que nous a conservés l'histoire. Ceux-ci, en effet, ne nous permettent pas de douter que le culte des objets physiques ne se soit conservé longtemps chez nos ancêtres. Les Capitulaires condamnent comme sacrilèges ceux qui continuaient à allumer des feux et des lumières près des arbres, des pierres et des fontaines et qui adressaient leurs vœux à ces êtres inanimés [1]. Les lois de Luitprand font la même défense [2]. Dans son allocution pastorale aux Belges qu'il venait de convertir, saint Eloi avait déjà défendu de placer semblablement des luminaires et des offrandes auprès des rochers, des sources, des arbres, des cavernes et des carrefours [3],

[1] Capit. I, tit. 64, p. 239, art. 789, c. 63, et 8, tit. 326, p. 1093, c. 21.

[2] Simili modo qui ad arborem quam rustici sanctum (al. sanguinum) vocant atque ad fontanas adoraverit aut sacrilegium vel incantationem fecerit, similiter medium pretii sui componat in sacro palatio. Leges Luitprandi, l. II, tit. 38, part. 1.

[3] Nullus christianus ad fana vel ad petras, vel ad fontes, vel ad arbores, aut ad cellas, vel per trivia, luminaria faciat,

et il engage ce peuple à détruire tout ce qui servait à entretenir cet usage superstitieux [1].

Les conciles joignaient leurs anathèmes aux efforts isolés des princes chrétiens et des premiers missionnaires de la foi. Le 23e canon du concile d'Arles, tenu en 442, proscrit formellement le culte des arbres, des pierres et des fontaines [2]. Ces dispositions prohibitives furent renouvelées en 567, par le concile de Tours, dans son 22e canon [3], et par d'autres conciles encore [4].

En 743, le concile tenu à Leptines, près de Binche, dont les canons célèbres sont communément désignés sous le nom d'*Indiculus superstitionum et paganiarum*, énumère une foule de superstitions qui remontaient chez les Belges au temps du paganisme; et parmi les prohibitions qu'il prononce, on remarque celles *de sacris sylvarum quæ nimidas vocant, de his quæ faciunt super petras, de fontibus sacrificiorum* [5]. Au XIIIe siècle, le culte

aut vota reddere præsumat. Vita S. Eligii, auct. S. Audœno. lib. 2, c. 15.

[1] Ibid. Fontes vel arbores quos sacros vocant succedite.

[2] Concil. Arelat. II can. 23, ap. Sirmond., t. 1, part. I, p. 106.

[3] Concil. Turon. II, ap. Sirmond., ibid.

[4] Concil. Nannet., can. 20 ; Concil. Autudun. no 578.

[5] Ce village de Leptines, situé près de Binche, s'appelle aujourd'hui le village des Estines. Voyez dans l'excellent ouvrage de M. Schayes, intitulé : Les Pays-Bas avant et durant la domination romaine, t. 2, p. 73 et sv., l'analyse de l'Indiculus.

des arbres et des fontaines subsistait encore chez les Saxons qui habitaient au-delà de l'Elbe [1].

Mais ces défenses prononcées par les princes temporels et par l'église, restaient impuissantes devant les vieilles croyances des Gaulois et des Germains. Un respect pieux continuait à entourer les objets si longtemps vénérés; et ce n'était qu'en les consacrant au nouveau culte, qu'en sanctifiant pour ainsi dire ces vestiges païens, que les apôtres de l'Évangile, fidèles en cela au conseil que le pape Grégoire-le-Grand donnait à l'abbé Mélitus allant travailler à la conversion des Gaulois [2], parvenaient à extirper les souches de la superstition qui avaient projeté dans le sol de si profondes racines. Ces forêts sacrées que les Celtes avaient si longtemps honorées comme la demeure des divinités, dans lesquelles ils n'entraient que comme dans un sanc-

[1] Helmodius, Chronic. slav., c. 48, p. 106.

[2] Cum vos Deus omnipotens ad Augustinum episcopum perduxerit, disait saint Grégoire, dicite ei quid diu mecum de causa Anglorum cogitans tractari, videlicet quia fana idolorum destrui in eadem gente minime debeant, sed ipsa quæ in eis sunt idola destruantur. Aqua benedicta fiat; in eisdem fanis aspergatur; altaria construantur; reliquiæ ponantur : quia si fana eadem bene constructa sunt, necesse est a cultu demonum in obsequium veri Dei debeant commutari, ut dum gens ipsa eadem fana videt destrui de corde errorem deponat et Deum verum cognoscans ac adorans, ad loca quæ consuevit, familiarus concurrat... Nam duris mentibus simul omnia abscindere impossibile esse non dubium est, quia is qui locum summum ascendere nititur, necesse est ut gradibus vel passibus non autem saltibus elevetur. » Epistol. 76, lib. 2, Cf. Beda, Hist. eccles. Anglor., lib. 1, c. 30.

tuaire, l'âme saisie d'une crainte religieuse, ces forêts, dis-je, continuèrent à inspirer le même respect, la même vénération. Des images pieuses furent placées sur les arbres jusqu'alors adorés, sur le chêne, le hêtre, le tilleul et l'aubépine; et le peuple, en venant, selon son antique coutume, se prosterner sous leur ombre, honora presqu'à son insu un nouveau dieu [1].

Ces idées nouvelles, ces pensées chrétiennes qui allaient désormais s'attacher à ces simulacres naturels, n'effaçaient pas, dans l'imagination populaire, la croyance à l'essence mystérieuse de ces forêts. Rappelons-nous la célèbre forêt de Bréchéliant, devenue la demeure des enchanteurs et des magiciens, après avoir été sans doute le théâtre des cérémonies druidiques ; rappelons-nous ces forêts qu'ont décrites les romanciers et les poètes

[1] C'était ordinairement une image de la Vierge que les prêtres plaçaient au-dessus des arbres sacrés. Le vieux chêne de la Loupe paraît avoir été un de ces anciens monuments du culte druidique ainsi métamorphosé en relique chrétienne ; on l'appelle aujourd'hui le chêne de la bonne Vierge. Voy. Fret, Antiq. et Chroniq. Percheronnes, t. 1, p. 26. M. Th. de la Villemarqué cite un fait bien curieux, et qui prouve à quel point les anciennes superstitions résistent longtemps, même aux progrès les plus avancés des lumières. Au mois d'août 1835, dit-il, tous les habitants de la paroisse de Kon-Kored en bas.-bret., la Vallée des Fées (voy. ce que l'on dit plus bas sur ce sujet), se rendirent processionnellement, bannières et croix en tête, au chant des hymnes et au son des cloches, à la fontaine de Baranton et dans la forêt de Bréchéliant, pour demander la pluie au ciel.

du moyen-âge, depuis celle où demeurait Oberon-le-Fayé, et que traversa Huon de Bordeaux pour arriver à Babylone, jusqu'à celle d'Armide que décrivit le pinceau du Tasse, inspiré par Lucain et les souvenirs d'Arthur et de Merlin. Les fontaines sacrées furent consacrées à la Vierge et aux saints; on crut encore à leurs vertus tout en cessant de croire aux divinités qui y demeuraient [1]; des croix surmontèrent les pierres druidiques [2], et les dolmens ou les menhirs furent transformés en calvaires. Ce ne fut plus à l'intervention des déesses-mères, à l'effet des incantations magiques

[1] Telles sont, dans le Perche, la fontaine miraculeuse de Saint-Jean-Pierrefixte, près de Nogent-le-Rotrou, celle de Saint-Germain, à Loisé, près de Mortagne; celle de Sainte-Anne, à Fontaine-Simon, près de la Loupe (Fret, Antiq. et Chroniq. Percheronnes, t. 1, p. 26 et sq.); en Lorraine, la fontaine de Saint-Elophe (Beaulieu, Archéologie de la Lorraine, t. 1, p. 209); en Bretagne, celle de Lochrist, de Troubérou à Lannilis; celle située sous un dolmen, près de Primelen (Fréminville, Antiq. du Finistère, P. 1, p. 101, 219; P. 2, p. 96); celles de Bodilis, de Saint-Laurent, de Saint-Jean-du-Doigt (Souvestre, le Finistère en 1836, p. 95); enfin la fameuse fontaine de Baranton, située dans la forêt de Bréchéliant, et à laquelle sa propriété remarquable d'entrer en ébullition dès qu'on jetait dedans un morceau de métal, dut valoir de bonne heure la réputation de fontaine sacrée. Cf. Th. de la Villemarqué, Contes populaires des anciens Bretons, p. 325.

[2] Tel est le menhir de Pontusval, près de Lesneven, dans le Finistère, menhir qui est surmonté d'une croix (Souvestre, ouv. cit., p. 80); tel est aussi celui de Ploemeur, au haut duquel s'élève le même symbole, et sur lequel on a gravé les instruments de la Passion (Fréminville, Antiq. des Côtes-du-Nord, p. 26 et sv.).

de quelques druidesses, qu'on attribua la vertu mystérieuse de certaines plantes, de certaines herbes, mais aux saints sous le patronage desquels elles furent placées. Le clergé, en un mot, couvrit tous les vestiges de la religion qu'il avait abattue, du manteau de son orthodoxie.

Ainsi, jusqu'à l'époque des Carlovingiens, le vieux culte gaulois résista encore ça et là aux victoires de la foi chrétienne. Les bois, les pierres, les fontaines ne s'étaient point complètement dépouillés, aux yeux des paysans, de leur caractère auguste et sacré. Nul doute que le culte des nymphes, des *campestres*, des déesses-mères, qui s'était, comme nous l'avons vu, identifié à ce fétichisme plus ancien, pour l'ennoblir et l'épurer, ne continuât à se mêler à ces souvenirs vivants du druidisme, nul doute que les croyances dont ces divinités formaient l'élément premier, ne laissassent encore dans les esprits des racines innombrables.

Ces souvenirs de la religion gauloise, qui avaient survécu à la prédication de l'Évangile, n'étaient pas les seuls; il y en avait d'autres qui étaient venus fortifier les premiers et relier en un seul corps de croyances les restes épars du paganisme de nos ancêtres. Les dieux du passé n'avaient point été totalement oubliés, mais les hommes, les héros du même temps ne l'avaient pas été davantage. En devenant chrétiens, les Celtes n'avaient point répudié d'un coup toutes leurs traditions historiques, et les noms fameux remplissaient encore leurs chants, leurs récits populaires. Du nombre de ces souvenirs, était celui de ces femmes vénérées, de ces druidesses qui exerçaient sur l'esprit des populations gauloises et germaines un si prodigieux ascendant. Ces femmes étaient célébrées dans les poèmes bardiques, comme des prophétesses, comme des magiciennes auxquelles la nature était soumise; la superstition populaire les douait en effet de pareilles qualités. Tantôt vierges, jeunes et belles, elles présidaient aux rites mystérieux du druidisme; tantôt vieilles, hideuses et cruelles, elles suivaient les armées, pour immoler au-dessus de la chaudière fatale les infortunés prisonniers. La renommée de ces femmes était répandue dans toutes les contrées septentrionales et elle s'y conserva fort longtemps. On les appelait *Alruner* [1], nom dont les Romains avaient fait le nom d'Aurinia qu'ils s'imaginaient être celui d'une de ces prophétesses, ou encore, Gan, Gwan, c'est-à-dire magicienne [2]. L'une d'elles

[1] Ce nom d'*Alruner* ou d'*Aliorumnes*, prophétesse, magicienne, vient de *Hali*, saint, ou *All*, tout, et *Runa*, mystère; les Latins en firent celui d'Aurénia.

[2] Suidas, lib. 1, parle d'une prophétesse nommée Ganna, qui existait à l'époque de Domitien et vint avec Velleda à Rome. Ce nom, qui, comme on le voit, a été pris par l'écrivain grec pour un nom propre, et qu'on lit également dans Dion Cassius, lib. 67, p. 761, n'était autre que le nom de *Gwan*, magicienne, qui désignait la fonction et non la personne de

s'était acquise une réputation universelle sous le nom de Velleda. Jettha [1] reçut, aux bords du Necker, un culte particulier. Dans le Nord, ces femmes, désignées sous le nom de *Volur* ou bien de *Spâkonur*, c'est-à-dire femme de vision, parcouraient le pays, et durant l'hiver, alors que les vassaux recevaient leurs seigneurs, elles assistaient aux festins et prédisaient l'avenir aux convives. L'histoire nous a conservé le nom de quelques-unes de ces femmes; on cite Thôrdise, en Irlande la Spâkona Thuridi, et plus récemment dans le Groënland, la célèbre Thôrbiörg, surnommée la petite *Vala* [2]. C'est dans la bouche d'une de ces prophétesses que sont placées les prédictions de l'Edda, la Voluspa [3]. Les Romains consultèrent encore ces femmes merveilleuses. Alexandre Sévère [4], Aurélien [5], Dioclétien [6], leur demandèrent des réponses. A une époque où le druidisme avait

cette femme. C'est un genre de confusion dont les anciens ont été sans cesse les auteurs involontaires.

[1] Cf. Keysler, Antiq. septentr., p. 489.

[2] Bergmann, Poèmes islandais, notes sur la Voluspa, p. 115 (Paris, Imp. roy., 1838, in-8o).

[3] Vôlospa hin Skamma, c'est-à-dire Courte prédiction de la Vola ou Vala. Cf. Lexic. myth. sept. ap. Edd. Sæmund. t. 3, p. 772.

[4] Lamprid. Alex. Sev., c. 60, p. 1029.

[5] Vopisc. Aurel., c. 44, p. 533, 534.

[6] Vopisc. Numer., c. 14, 15, p. 793, 794.

presque complètement cessé d'exister, sous la première race de nos rois, les monarques francs eurent de nouveau recours à leur science augurale.

La mémoire de ces druidesses se conserva donc fort longtemps dans l'esprit du vulgaire, elle y fut entretenue, surtout en Bretagne, dans le pays de Galles, par les chants celtiques; de là, leur nom passa dans les romans de la Table-Ronde, dont le fonds est entièrement celte, ainsi que l'a démontré avec autant d'évidence que de talent, M. Th. de la Villemarqué; puis il se répandit dans toutes les compositions du même genre [1].

Chez le peuple, le souvenir de ces femmes s'associa naturellement à celui des divinités dont elles avaient été les prêtresses, à l'égal desquelles elles avaient été même souvent adorées[2]. Parques, nymphes, *junones*, déesses-mères, druidesses, prophétesses gauloises, ne furent plus pour les Français crédules, pour les poètes qui les amusaient de leurs fictions, que des êtres identiques. Femmes mystérieuses tenant à la fois du caractère de l'homme et de Dieu, magiciennes auxquelles

[1] Voyez à ce sujet l'Essai sur l'origine des épopées chevaleresques de la Table-Ronde, que M. Th. de la Villemarqué a placé en tête de ses contes et traditions populaires des anciens Bretons.

[2] Vidimus sub divo Vespasiano, Velledam diu apud plerosque *numinis loco* habitam. Sed et olim Auriniam, et compluris alias venerati sunt, non adulatione, nec tanquam facerent deas. Tacit. Germ., c. 8.

l'avenir dévoilait parfois ses secrets, enchanteresses aux mains desquelles était livrée la destinée des humains ; sur leur tête, en un mot, vinrent se confondre et se concentrer les attributs de toutes les déesses gauloises et des druidesses qui les servaient. Ces femmes, le peuple leur donna le nom de magiciennes, de fées, de sorcières ; mais il les désigna spécialement par le nom de *fata*, sous lequel ses ancêtres avaient honoré les parques identifiées aux déesses-mères, par celui de *fata*, qui ne renfermait rien de plus, au reste, à ses yeux, que l'idée d'enchantement. De *fata*, on avait fait *faé*, *fée*, *féerie*, comme de *pratum*, *prata*, on avait fait *praé*, *pré*, *prairie;* et ce mot de faé voulut dire simplement « *enchanté* » ; en ce sens, il était adjectif. « En celuy temps, estoit appelé faé cil qui s'entremettoit d'enchantements, » dit le roman de Lancelot-du-Lac [1]. On peut citer de nombreux

[1] Cette étymologie est confirmée par le sentiment d'un auteur anonyme du XIVe siècle, rapporté par M. Leroux de Lincy dans son intéressante introduction au livre des Légendes : « Mon enfant, les fées ce estoient deables qui disoient que les gens estoient destinez et faes les uns à bien, les autres à mal, selon le cours du ciel ou de la nature. Comme se un enfant naissoit à tele heure ou en tel cours, il li estoit destiné qu'il seroit pendu ou qu'il seroit noié, ou qu'il espouseroit tel dame ou telez destinées, pour ce les appeloit l'en fées, quar fée, selon le latin, vaut autant comme destinée, *fatatrices vocabantur.* » L'influence chrétienne se fait sentir dans ces paroles, les fées sont devenues des diables, par la même raison qu'à l'avènement du christianisme, Jupiter et Mercure devinrent des démons.

exemples de l'emploi de *faé*, dans le sens adjectival :

Mout ont Jason entr'auls loué
Bien dient tos qu'il est faé.

dit le roman de la guerre de Troie.

On lit dans celui de Brun-de-la-Montagne :

Il a des lieux faés ès marches de Champaigne.

et dans celui de Parthenopex de Blois, au sujet de la forêt des Ardennes :

Ele estoit hisdouse et faé.

Les Ecossais disent encore de quelqu'un qui est frappé de la fatalité, qu'il est *fey*. Dans le patois toulousain, un sorcier est appelé *faytilié*, *faytilhéro*, mot dans lequel on retrouve le même radical fay, auquel se rattachent partout des idées d'enchantement. Remarquons qu'en prenant ce nom de *fata* dans une acception qualificative, le peuple revenait au sens primitif du mot lui-même; le nom de *fata* avait été comme celui de Μοῖρα, originairement un nom commun [1].

Suivant les contrées, le nom de *fata* subit quelques légères altérations; les fées s'appelaient *fadas* dans la langue d'oc, *hadas* dans la langue castillane [2].

[1] Cf. ce que nous avons dit plus haut. C'est dans le sens adjectival que Gervais de Tilbury a employé le mot *fadus* dans ses *Otia imperialia*, p. 987, en parlant d'un cheval enchanté, sorte de kobold ou d'esprit familier.

[2] Itali fata etiamnum dicunt, occitani fadas. Fadas et Hadas vocant Hispanici fabularum seu Romanorum scriptores. Du Cange, Glossar. med. et inf. lat., v° *fadus*.

C'est donc à la fois dans le culte des parques et des *deæ mairæ*, dans celui des bois et des fontaines, aussi bien que dans le caractère accordé aux druidesses, qu'il faut aller chercher l'explication des attributs qui furent donnés aux fées et la preuve que celles-ci sont réellement nées d'un mélange dont nous avons séparé, il n'y a qu'un instant, les éléments primitifs. Les moyens de démonstration ne manquent pas, et leur abondance seule annonce assez sur quelle base solide on peut asseoir le rapprochement que nous avons entrepris.

C'est, avons-nous dit, aux fontaines et aux forêts que présidaient les divinités de la Gaule ; c'était au fond de ces forêts, sur les bords des eaux, des sources qui jaillissaient parfois à l'ombre de quelques uns de leurs arbres, que se célébraient les cérémonies en leur honneur. Ces lieux devaient donc être, dans l'imagination populaire, le séjour des fées, comme ils avaient été jadis en réalité celui des druidesses ; et c'est précisément ce qui s'est passé. Les fées se rendaient visibles près de l'ancienne fontaine druidique de Baranton, dans la forêt de Bréchéliant :

Là soule l'en les fées veoir,

écrivait, en 1096, Robert Wace. Ce fut également dans une forêt, celle de Colombiers en Poitou, près d'une fontaine appelée aujourd'hui par corruption *la font de Scée*, pour la fontaine des

Fées, que Mélusine apparut à Raimondin [1]. C'est aussi près d'une fontaine, que Graelent vit la fée dont il tomba amoureux et avec laquelle il disparut pour ne plus jamais reparaître [2]. C'est près d'une rivière, que Lanval rencontra les deux fées, dont l'une, celle qui devint sa maîtresse, l'emmena dans l'île d'Avalon, après l'avoir soustrait au danger que lui faisait courir l'odieux ressentiment de Genèvre [3]. Viviane, fée célèbre dont le nom est une corruption du *Vivlian*, génie des bois, célébré par les chants celtiques, habitait au fond des forêts, sous un buisson d'aubépine, où elle tint Merlin ensorcelé [4].

Les eaux minérales, dont l'action bienfaisante était attribuée à des divinités cachées, à Sirona, à Vénus Anadyomène, auxquelles on consacrait des ex-voto et des autels, furent regardées au moyen-âge, comme devant leur vertu médicale à la présence des fées. Près de Domremy, la source thermale qui coulait au pied de l'arbre des fées et où s'était souvent arrêtée Jeanne d'Arc, en proie à ses étonnantes visions, avait jailli, suivant le dire po-

1 Hist. de Mélusine par Jean d'Arras, p. 125 (Paris, 1698, in-12).

2 Poésies de Marie de France, éd. Roquefort, t. 1, p. 537, Lai de Graelent.

3 Id. t. 2, p. 207, Lai de Lanval.

4 Th. de la Villemarqué, Contes populaires des anciens Bretons.

pulaire, sous la baguette des bonnes fées [1]. C'est encore sous le même patronage que les montagnards de l'Auvergne placent les eaux minérales de Murat-le-Quaire [2]. Les habitants de Gloucester, l'ancienne Kerloiou, prétendent que neuf fées, neuf magiciennes veillent à la garde des eaux thermales de cette ville; et ils ajoutent qu'il faut les vaincre, quand on en veut faire usage. Ne voilà-t-il pas, ainsi que l'observe M. de la Villemarqué, l'écho affaibli de la tradition primitive? Ces neuf fées ne sont-elles pas visiblement les neuf druidesses qui tenaient leur collége dans cette ville et près de cette fontaine, druidesses qui jouirent longtemps d'une extrême réputation et dont la mémoire valut plus tard à Kerloiou, la renommée d'un des premiers centres de sorcellerie de la Grande-Bretagne?

Les fées, comme les druidesses, étaient ordinairement vêtues de blanc; elles portaient des couronnes, ainsi que les parques et les déesses-mères [3].

[1] Voyez le procès de Jeanne d'Arc donné par Laverdy, Notices et Extraits des manuscrits de la Bibliothèque, t. 3. En Grèce, c'était aussi aux nymphes qu'on attribuait la vertu des eaux minérales. Strabon nous apprend, lib. 8, p. 356, qu'à Héraclée, en Élide, on croyait que les quatre nymphes Ionides : Calliphéa, Synnalaxis, Pegia et Iasis, guérissaient les malades qui venaient se baigner dans une source près du fleuve Cytherius.

[2] J.-B. Bouillet, Tablettes historiq. de l'Auvergne, t. 2, p. 585.

[3] Adonc vist plusieurs dames faés aournées et toutes cou-

Un des traits les plus caractéristiques des fées, c'était le soin qu'elles prenaient d'assister à la naissance des enfants auxquels elles dispensaient à leur gré les défauts et les qualités, le bonheur et la mauvaise fortune. Nous reconnaissons dans cette présence, près du berceau des nouveaux-nés, un des attributs des parques, dont une des fonctions était d'assister Ilithye et de se trouver à la naissance des enfants, pour prononcer sur leur avenir. Les parques présidèrent à la naissance d'Achille. Pindare nous montre Apollon ordonnant à ces déesses d'être présentes aux couches d'Evadné; Ovide les fait pénétrer dans la chambre d'Althée, pour allumer le tison fatal auquel est attaché le sort de Méléagre [1]. A la naissance d'Hercule, ministres de la jalousie de Junon, elles prolongèrent les douleurs d'enfantement d'Alcmène [2]. Sur la patère du musée Borgia, nous voyons de même ces

ronnées de couronnes très sumptueusement faictes et moult riches, dit le roman d'Ogier le Danois, en parlant des fées qu'Ogier vit dans l'île d'Avalon.

[1] Cf. sur la présence des parques à la naissance de ces différents personnages, Ovid., Métamorph. VIII, 454. Trist., V, 3, 25. Tibull., I, 8. I, 4. V, 3. Horat. carm. saecul., 25; Catull., 64, 306; Pindar Olymp., XI, 65; Antonin. Liber. Transform., c. 2. Voyez aussi sur ce sujet et relativement à la substitution que l'on a faite quelquefois des muses aux parques, Philostratorum Imagines, ed. F. Jacobs, cum notis Welckeri. Notæ ad lib. II, p. 448.

[2] Anton. Liberal. Transform., c. 29, p. 227, ed. Westermann.

déesses présentes à la naissance de Bacchus[1]; et à titre de divinités Génétyllides, elles sont aussi associées aux Heures et aux Grâces, qui, comme elles, recevaient les nouveaux-nés et les ornaient de mille dons brillants[2].

Les traditions du moyen-âge nous montrent également les fées se présentant la nuit que naquit Ogier le Danois, pour lui faire chacune un don différent[3]. Brun de la Montagne fut, peu de temps après sa naissance, placé dans la forêt de Bréchéliant, où les fées vinrent, comme les parques, au nombre de trois, le doter de grandes vertus[4]. Trois fées firent aussi présent d'un beau souhait au fils de Maillefer[5]. Les fées assistèrent de même à la venue au monde d'Isaïe-le-Triste. Aux environs de la Roche-aux-Fées, dans le canton de Rhétiers, les paysans croient encore aux fées qui prennent, disent-ils, soin des petits enfants, dont elles pronostiquent le sort futur; elles descendent dans les maisons par les cheminées et ressortent

[1] Mus. Pio-Clem., IV, tav. 34.

[2] Ce sont, ainsi que le remarque avec justesse Böttiger (Ideen zur Kunst-Mythologie, II, p. 99), les trois Parques et non les trois Ilithyes, comme le veut Visconti, qui figurent sur un des côtés du précieux autel de la villa Borghèse, dont les deux autres sont occupés par les Heures et les Grâces. Cf. Monumenti Gabini, p. 219. Tavole aggiunte, tavola 2.

[3] Leroux de Lincy, Introduction au livre des Légendes, p. 179.

[4] Id. p. 181.

[5] Id.

de même pour s'en aller[1]. Les volas ou valas scandinaves allaient de même prédire la destinée des enfants qui naissaient dans les grandes familles[2]; elles assistaient aux accouchements laborieux et aidaient par leurs incantations (*galdrar*) les femmes en travail. Les fées voulaient même souvent être invitées. Longtemps à l'époque des couches de leurs femmes, les Bretons servirent un repas dans une chambre contiguë à celle de l'accouchée, repas qui était destiné aux fées dont ils redoutaient le ressentiment[3]. Les fées furent invitées à la naissance d'Oberon, elles le dotèrent à l'envi des dons les plus rares; une seule fut oubliée, comme la Discorde aux noces de Téthis et de Pelée[4], et pour se venger de l'outrage qui lui était fait, elle condamna Oberon à ne jamais dépasser la taille d'un nain.

Il serait bien long de rapporter ici toutes les traditions qui rappellent encore cette parenté entre Lucine et les fées, ce rôle d'*obstetrices*, de *ventrières*, comme disaient nos pères, qu'elles tenaient des

1 Cf. Mémoire de M. de la Pillaye, dans le t. 2 de la nouvelle série des Mémoires des antiquaires de France, p. 95.

2 Cf. Bergmann, Poèmes islandais, p. 157 ; Grenville Pigott, a Manual of Scandinavian mythology, p. 353 (London, 1839).

3 Dans l'antiquité, à la naissance des enfans des familles riches, par suite de croyances analogues à celles-ci, on établissait dans l'atrium un lit pour Junon Lucine.

4 Lucian, Dialog. marin. V. Cf. Hygin fab. 92. Coluthus, de raptu Helen., v. 60.

parques antiques. Nous ne citerons plus qu'un fait : dans la légende de saint Armentaire, composée vers l'an 1300, par un gentilhomme de Provence nommé Raymond, on parle des sacrifices qu'on faisait à la fée Esterelle qui rendait les femmes fécondes. Ces sacrifices étaient offerts sur une pierre nommée la Lauza de la Fada [1].

On voit combien de dires populaires consacrent pour les fées, ce nombre trois. Dans le pays de Galles, les Elfs qui se rapprochent tant de nos fées, et dont nous parlerons bientôt, se distinguent également en triades [2].

Ainsi tout, jusqu'au nombre *trois* lui-même, nous reporte aux parques antiques et tend à renouer la chaîne des traditions qui rattachent celles-ci à nos fées françaises. Ce nombre de trois reparaît dans une foule de légendes relatives à ces femmes mystérieuses : Ce sont trois fées qui ont bâti, à trois lieues de Tours, le château des fées [3] ; ce sont trois fées blondes et pâles qui ont apporté à Langeac dans le Velay, les pierres druidiques que l'on y remarque [4] ; près de Sinzheim, en Allemagne, on voit souvent apparaître, au dire des paysans, trois demoiselles qui vont filer à la veillée

[1] Cambry, Monuments celtiques, p. 342.

[2] Crofton Croker, Fairy Legends and traditions of the south of Ireland, P. 3, p. 203 et sv.

[3] Mém. de l'acad. celtique, V. p. 411 et sv.

[4] Mémoires de la Société royale des Antiquaires, t. 8, p. 28.

d'Epfenbach[1]. A cette occupation de ces demoiselles, comment ne pas reconnaître les fées dont le fuseau était une des principales occupations ? On sait de quelle réputation d'habileté jouissaient ces magiques ouvrières, et l'expression proverbiale « travailler comme une fée» s'est conservée jusqu'à nous. Les Μοῖραι grecques filaient aussi ; les destinées des humains étaient attachées à leur fatal écheveau, et c'est là encore un de ces traits frappants de ressemblance qui les rapprochent de nos fées. Longtemps elles furent connues sous le nom générique de κλωθῶες, κατακλῶθες[2], avant que le nom de κλωθώ fut réservé plus spécialement à l'une d'elles[3].

Les déesses-mères étaient honorées quelquefois commes les protectrices spéciales de certaines familles[4]. Les parques ne dédaignaient pas de se faire voir aux hommes, de visiter les maisons qui conservaient l'innocence et pratiquaient la justice

1 Grimm., Trad. allem. tr. Th. T., p.

2 Cf. Ed. Jacobi, Mytholog. Handwörterbuch, tom. 2, p. 631.

3 H. Schreiber, Die Feen in Europa, p. 47.

4 C'est ce qu'on voit par ces inscriptions ; MATRIBUS ARSACIIS. PA || TERNIS. SIVE MATERNIS || M. AVR. LVVERONIVS VE || RUS PR. PRAEFECTI. PRO. SE ET SUIS V. S. L. M. Murator. XCIV, 6. — SECVNDVS. RV || FIANVS || PRO NATIS. SVIS. MATRONIS || V. S. L. M. Mediolani. Gruter. MXVI. 6, — MATRONIS. || CALVISIA. C. FILIA || CVM FILIIS || V. S. L. M. || L. D. D. D. Ibid. XCIII. 8.

et la chasteté [1]. Ce caractère se retrouve chez plusieurs fées représentées comme de véritables divinités domestiques. Dame Abonde, cette fée dont parle Guillaume de Paris, apporte l'abondance dans les maisons qu'elle fréquente [2]. La célèbre fée Mélusine pousse des gémissements douloureux, chaque fois que la mort vient enlever un Lusignan[3]. Dans l'Irlande, la Banshee vient de même aux fenêtres du malade appartenant à la famille qu'elle protège, frapper des mains et faire entendre des cris de désespoir [4]. En Allemagne, dame Berthe, appelée aussi la Dame-Blanche, se montre, comme les fées, à la naissance des enfants de plusieurs maisons princières, sur lesquelles elle étend sa protection. Erasme rapporte une tradition qui se rattache à la même croyance : suivant lui, une dame blanche se montre en Allemagne et en Bohême, le jour où quelque souverain de ces contrées est prêt à mourir [5]. Cette dame blanche apparaît tout-

[1] Præsentes namque ante domus invisere castas
Sæpius et sese mortali ostendere cœtu
Cœlicolæ nondum spreta pietate solebant.
CATULL. ARGONAUT.

[2] De universo, par Guill. de Paris, t. 1, p. 1037 (Aurel., 1674, in-fo.). Cette dame Abonde paraît être la même que la Mab dont Shakespeare parle dans sa tragédie de Roméo et Juliette ; elle se rattache à la Holda des Allemands, dont nous parlerons plus bas. Cf. G. Zimmermann, de mutata Saxonum veterum religione, p. 21 (Darmstad., 1839).

[3] J. d'Arras, Hist. de Mélusine, p. 310.

[4] Crofton Croker, Fairy Legends, part. 1, p. 228; part. 2, p. 10.

[5] Grimm, Trad. allem. trad. Theil. tom. 1, p. 428.

à-coup dans plusieurs châteaux de l'Allemagne et se place sur le donjon qui les couronne, comme elle le fit au château de Tenneberg en Thuringe [1]. Dans les bruyères de Luneburg, la Klage-Weib annonce de même aux habitants leur fin prochaine. Quand la tempête éclate, que le ciel se couvre, quand la nature est en proie à quelques-unes de ces tourmentes où elle semble lutter contre sa destruction, la Klage-Weib se dresse tout-à-coup comme un autre Adamastor, et appuyant son bras gigantesque sur la frêle cabane du paysan, elle lui annonce par l'ébranlement soudain de sa demeure, que la mort l'a désigné [2].

Les épithètes données sans cesse aux fées, sont celles de *bonnes*, *bonnes-dames*, *bonnes et franches pucelles*. Ces qualifications ne sont évidemment que la traduction du titre de *bonæ* donné aux parques, plutôt sans doute par antiphrase que par reconnaissance, et de *puellæ* attribué aussi bien aux nymphes qu'aux fata[3]. Le nom de *Matte* donné à une fée célèbre d'Eauze, pour laquelle on avait reproduit la fable du Minotaure, semble venir du mot *mater* abrégé.

Voudrions-nous des preuves plus convaincantes

[1] Cf. Der Sagenschatz und die Sagenkreise des Thuringerlandes, herausg. von Lud. Bechstein, part. 2, p. 104 et P. p. 125 (Hildburghausen, 1836, in-12).

[2] Spiels Archiv., II, 297.

[3] C'est ce qu'on peut voir par cette inscription : I. O.

de l'assimilation qui s'était opérée entre les parques et les fées, nous les trouverions dans l'idée même que l'on se formait des premières au moyen-âge, dans le rôle qu'on leur faisait jouer, le nom qu'on leur attribuait à cette époque. Lorsqu'on fait apparaître ces déesses de la mythologie antique, on ne les distingue plus des fées, ou plus exactement on ne voit plus en elles que des fées. Ainsi, pour n'en citer qu'un exemple, Juan Lorenzo Segura d'Astorga, dans son poème d'Alexandre, fait tisser par des femmes qu'il nomme *fadas*, fées, les vêtements du jeune fils de Philippe [1]; ces femmes sont au nombre de trois, comme les parques; elles sont d'habiles ouvrières, comme les fées. On ne saurait dire d'une manière précise si ce sont les Μοῖραι ou les fades des traditions populaires du Midi, ou pour mieux dire ce sont les unes et les autres que l'on a confondues [2].

M CONSERV. || ATORI ET DOMINIS NYMPHABVS PVE || LORICIVS || HILVS. Orelli, n° 1619.

1 Fecieron la camisa duas Fadas enna mar
Dieronle dos bondades por bien le acabar
. . . .
Fizo la otra Fada tercera el brial.

Terz. 89. 90. ap. T. A. Sanchez, Coleccion de poesias castillanes anteriores al siglo XV, t. 3, p. 13.

2 Amyot, dans son style naïf, rend plusieurs fois, en traduisant Plutarque, le nom Μοῖρα par *fée*. Lachesis, par exemple, est pour lui la fée Lachesis. Cette nouvelle preuve de la confusion en question n'est pas une des moins concluantes. Amyot, en adoptant le mot *fée*, se conformait évidemment aux idées qui assimilaient les parques aux fées.

Les traits par lesquels les fées se rattachaient aux druidesses, sont encore plus nombreux et plus frappants que ceux qui les rapprochent des déesses-mères. En Bretagne, les fées sont appelées *korrigans*. Ce nom est formé de deux mots : *gwenn*, génie, ou *gwynn*, femme, et *korrig*, diminutif de *korr*, petit. On le retrouve, quoique altéré par une bouche latine, dans celui de *barrigenes*, *garrigenes*, sous lequel les druidesses sont désignées par Pomponius Mela [1], et dans celui de *gallican* que Vopiscus donne aux prêtresses gauloises. Ce nom de korrigans était donc celui qui, chez les Celtes, servait à dénommer les neuf vierges que les anciens bardes cambriens donnent pour suivantes à la déesse Koridwen [2] ; peut-être même était-il originairement identique à ce dernier nom dont il a été formé sans aucun doute [3].

Les caractères assignés aux fatidiques prêtresses de l'île de Seyn se retrouvent si exactement dans ceux que les paysans bretons attribuent aux korrigans, qu'il est impossible de s'y méprendre. Ecoutons plutôt le savant historien des Gaulois, M. Amédée Thierry [4] : « Des magiciennes et des prophétesses étaient affiliées à l'ordre des druides ;

1 Pomponius Mela, de situ orbis, lib. 3, c. 6.

2 Aurel., c. 44.

3 Th. de la Villemarqué, Barzas-Breiz, Introd., p. xlv.

4 Hist. des Gaulois, 2e édit., t. 2, p. 117 et sv.

elles servaient d'instruments aux volontés des prêtres, rendaient des oracles, présidaient à certains sacrifices d'où les hommes étaient sévèrement exclus, tenaient des assemblées nocturnes, durant lesquelles elles se livraient aux cérémonies les plus effroyables et les plus extravagantes. L'île de Sena[1], située vis-à-vis le cap le plus occidental de l'Armorike, renfermait le collége de neuf de ces femmes nommées *Senes*. On leur attribuait un pouvoir illimité sur la nature ; elles connaissaient l'avenir, elles guérissaient des maux incurables ; la mer se soulevait ou s'apaisait, les vents s'éveillaient ou se calmaient à leurs paroles ; elles pouvaient revêtir toute forme, emprunter toute figure d'animaux[2] ».

Il y avait encore un autre collége de ces femmes dans un îlot à l'embouchure de la Loire ; celles-là n'allaient visiter leurs époux que la nuit.

Comparons maintenant ces paroles à ce que

[1] M. de Fréminville suppose que Pomponius Mela, qui rapporte ce fait, avait confondu l'île de Seyn, où était un collége de vieillards, comme l'indique l'étymologie de ce nom, *Sen*, vieillard, avec l'île de Groix. L'étymologie du nom de cette île, située non loin de Lorient, lui fait croire qu'elle était le siège d'un collége de druidesses, attendu qu'en langue celtique, le mot *groas*, *grouch*, signifie sorcière, magicienne. Cf. Antiq. de la Bretagne, Finistère, part. 2, p. 95 et sv.

[2] Ce pouvoir qu'avaient les sorciers de revêtir toutes les formes et que la fable attribue à Protée, à Nérée, à Glaucus et à Psamathé, est la source des contes que les paysans débitent sur les Lycanthropes, et tire peut-être son origine du dogme antique de la métempsychose.

M. Th. de la Villemarqué nous dit des fées bretonnes ou korrigans : Ces femmes joignent aux facultés que nous possédons un pouvoir surnaturel. Elles connaissent l'avenir, commandent aux agents de la nature. Cette vertu magique par laquelle elles peuvent se transformer en la forme qui leur plaît, elles en sont douées, comme les druides auxquelles la croyance celtique l'attribuait également. Merlin nous est représenté comme jouissant d'une semblable puissance, et le barde Taliesin, dans ses chants, se vantait de la posséder à son tour [1]. En un clin d'œil les korrigans peuvent se transporter d'un bout du monde à l'autre. Tous les ans, au retour du printemps, elles célèbrent une grande fête de nuit ; au clair de lune, elles assistent à un repas mystérieux, puis disparaissent aux premiers rayons de l'aurore. Suivant les mêmes traditions, ces fées sont ordinairement vêtues de blanc ; cette couleur rappelle celle du vêtement des druidesses ; elle explique ce surnom de dames blanches qui leur a été souvent donné.

Lès paysans bas-bretons n'ont point oublié tout-à-fait l'origine druidique des fées; ils assurent que les korrigans sont de grandes princesses gauloises qui n'ont point voulu embrasser le christianisme, lors de l'arrivée des apôtres; et voilà pourquoi,

[1] Th. de la Villemarqué, Contes popul. des anciens Bretons, introd. p. XL.

ajoutent-ils, la malédiction de Dieu les a frappées. Par une croyance analogue, les habitants du pays de Galles voient dans les mêmes fées, les âmes des druides condamnées à faire pénitence.

Ces colléges de neuf vierges qui existaient dans différentes îles, à Sena, à Mona, au mont Saint-Michel, à l'embouchure de la Loire, en divers endroits sacrés, comme à Kerloiou, étaient entourés d'un respect trop profond pour que leur souvenir ne soit pas resté longtemps gravé dans l'esprit du peuple. Des idées de mystère, de magie s'associèrent longtemps à la mémoire de ces lieux. C'est ainsi qu'est née cette tradition de l'île d'Avalon, séjour des fées, lieu de délices, sorte de paradis dans lequel elles résidaient. Qu'Avalon ait véritablement existé, que ç'ait été un lieu réel du Sommersetshire, Glastonbury, comme il semble résulter du témoignage de Giraud de Cambrie, ou que l'imagination seule ait créé cette île enchantée, toujours est-il qu'elle est devenue dans les légendes, le type de ces îles que les Celtes regardaient comme sacrées [1] et dans lesquelles se tenaient les

[1] Les Celtes regardaient les îles comme des images de Hertha (Tacit. germ. c. 40) ou de la Terre. Ce nom d'Hertha est encore celui de la plus occidentale des Hébrides, Herta ou St-Kilda, située à 257 milles de Glascow. Cf. Kenneth Macaulay, Histoire de St-Kilda, tr. franç., p. 127 (Paris, 1782). Ce n'était souvent, comme à Genève, qu'un rocher situé au milieu des eaux, qui fournissait à ce peuple l'image d'une divinité. M. L. Hamon, dans un des intéressants articles qu'il a donnés

colléges druidiques. Ce qui le démontre, c'est que Geoffroy de Monmouth place précisément dans Avalon, les Barrigènes de Pomponius Méla, qui pour lui, sont devenues des fées. D'ailleurs la tradition d'une île, séjour des mortels vertueux, après leur mort, est une des plus anciennes que nous rencontrions dans l'Egypte, et il y a toute apparence que les Celtes la reçurent de ce pays aussi bien que les Grecs et les Romains. C'est donc avec raison qu'Edouard Richer [1] a soutenu que les îles bretonnes n'étaient autres que les îles Fortunées des anciens; mais son erreur a été de ne point reconnaître la commune origine orientale de ce mythe. Les îles des bienheureux, situées dans un désert, à sept journées de Thèbes [2], ont donné naissance au mythe grec de l'Elysée et des îles Fortunées. Le mot

dans la Nouvelle Revue de Bretagne, t. 2 (Rennes, 1839), a rapproché avec raison cette croyance de celle où l'on est encore en divers lieux, par exemple près de Pontivy, que certaines pierres druidiques vont la nuit se plonger dans les eaux; croyance druidique qui a donné naissance à la coutume chrétienne établie en plusieurs endroits, de plonger dans l'eau la statue du saint que l'on voulait fêter. Beaucoup d'îles ont conservé aux yeux du vulgaire leur caractère sacré; telle est celle d'Arz sur les côtes du Morbihan, que l'on regarde comme le séjour des nains, le rendez-vous des poulpiquets, des korrigans, des bolbigueons et des sorciers; telles sont celles d'Iona ou Icolmhill dans les Hébrides, d'Enniskea (Inys-Kaha) près de Black-sod-Harbour, en Irlande. Au nord de l'île de Fionie, à l'est du Jutland, l'île de Samsey passe de même pour le séjour des sorcières et des magiciennes.

[1] Œuv. litt., éd. Mellinet, t. 5, p. 302 et sv.

[2] Herod., lib. 3, c. 26.

Élysée signifie joie, jubilation, et Avalon nous apparaît aussi comme un lieu où règne le plaisir et la félicité « : Cette île délicieuse d'Avalon, dit le ro-» man d'Ogier le Danois, dont les habitants me-» noient vie tres joieuse, sans penser à nulle quel-» conque meschante chose, fors prendre leurs » mondains plaisirs. » On sait en outre que c'était du côté de la Grande-Bretagne que les druides plaçaient leur Elysée. Et c'est cette tradition qui, rapportée à Plutarque [1], lui fit croire que les îles des génies ou des héros étaient situées dans ces parages.

Le nom d'Avalon vient d'*Inys Afalon*, île des pommes, en langue bretonne; et l'on a expliqué cette qualification par l'abondance des pommiers qui se rencontraient à Glastonbury [2]. Nous ne sa-

1 De Oracul. defect. II, p. 419. Cf. Euseb. Prep. evang., lib. 5, c. 17, p. 207.

2 Glastonbury est en effet situé dans un vaste verger de pommiers, entouré de petites rivières, et paraît avoir été un sanctuaire druidique. Dans la crypte souterraine de l'église de l'abbaye, on trouve une ancienne fontaine sacrée (holywell) dédiée à saint Joseph d'Arimathie, le prétendu premier apôtre de la Bretagne. C'est encore un exemple de la substitution des idées chrétiennes aux croyances celtiques. Joseph d'Arimathie, symbole de la religion nouvelle, a pris, comme dans la légende du saint Graal, la place de la divinité celtique. Cf. sur Avalon, le roman de Brut de Robert Wace, publié par M. Leroux de Lincy, t. 1, p. 52, note. Suivant M. de Fréminville, Avalon serait la petite île d'Agalon, située non loin du célèbre château de Kerduel, et dont les chroniqueurs font le séjour favori du roi Arthur. Antiq. de la Bretagne, Côtes-du-Nord, p. 19.

vons jusqu'à quel point cette étymologie est suffisante pour identifier avec ce lieu le poétique séjour des fées. Ce surnom nous rappelle l'île et le jardin des Hespérides, que les anciens plaçaient aux extremités occidentales du monde, et il nous semble que le nom d'Avalon pourrait bien avoir avec celui des Hespérides une communauté d'origine.

L'idée d'une terre située au-delà des limites des régions habitées, idée qui est précisément celle que Platon a fait revivre dans son Atlantide, se rattache au mythe des îles Fortunées. Les premiers chrétiens plaçaient aussi le Paradis terrestre, le jardin de la pomme fatale, au-delà des bornes du monde; et, sans contredit, ils subissaient alors l'influence du grand mythe dont Avalon a été l'un des rameaux [1]. D'après la tradition antique, les âmes montées sur des dauphins se rendaient aux îles des bienheureux. Au moyen-âge, on se figurait que les anges emportaient les âmes des élus pour les transporter dans le ciel. Suivant les chants bardiques, des esprits mystérieux transportèrent de même dans l'Elysée, celle Arthur blessé et resté sur le champ de bataille de Camlan. C'était là la donnée armoriquaine. Taliésin le fait disparaître dans la mêlée et parle de sa disparition comme d'un mystère. Mais les poètes vinrent unir à ce

[1] Je reviendrai amplement sur ce sujet dans le travail que je prépare sur l'histoire des croyances relatives à l'âme et à la vie future dans l'antiquité et au moyen-âge.

récit d'autres fables. Ce fut dans l'île d'Avalon qu'Arthur fut conduit par Morgane, qui le guérit de ses blessures. Cette Morgane est une druidesse; on la reconnaît aisément à son séjour dans une île, à sa science médicale, tous caractères qui appartiennent à ces femmes.

Dans la vie de Merlin le calédonien, c'est conduit par les bardes Merlin et Taliésin, et guidé par Barinte, le nautonnier des âmes, qu'Arthur arrive à Avalon [1]. On le voit, ce sont les mêmes idées que celles des Grecs, c'est sous d'autres noms, Mercure Psychopompe et Caron. Les poètes transportèrent dans Avalon d'autres héros, à l'imitation d'Arthur. C'est dans cette île que la même Morgane mena son bien-aimé Ogier le Danois, pour prendre soin de son éducation. C'est encore là que fut porté Renoart, l'un des héros de la geste de Guillaume au court nez :

> Avec Arthur, avecques Roland,
> Avec Gauvain, avecques Yvant.

Là étaient Auberon et Mallabron, « ung luyton de mer, » dit le roman d'Ogier; et selon toute apparence, c'est dans cette île mystérieuse que fut conduit Lanval par la fée sa maîtresse. L'île enchantée d'Avalon, jointe à la donnée homérique, a fourni à Torquato Tasso, l'idée du séjour d'Armide

[1] Th. de la Villemarqué, Contes populaires des anciens Bretons, p. 23 et sq.

où est emmené Renaud. Armide descend à la fois de Circé et de nos fées du moyen-âge.

Les korrigans ont conservé le caractère prophétique que les Gaulois donnaient aux druidesses, caractère qui appartenait également aux *fata* antiques, aux parques, et sans doute aux déesses-mères. C'est encore là un de ces traits communs qui relient en une même origine ces trois ordres de femmes surnaturelles ou divines. C'était cette connaissance de l'avenir qui faisait donner à la parque l'épithète de *non mendax* [1], de *verax*, lorsqu'elles chantaient, qu'elles prophétisaient les humaines destinées :

> Vosque veraces cecinisse parcæ
> . . . . bona jam peractis
> Jungite fata.

a dit Horace [2]. Aussi représentait-on les parques comme les muses, en véritables chanteuses ou prophétesses, avec des plumes sur la tête [3].

Les fées nous apparaissent donc comme le dernier, le plus persistant de tous les vestiges que le druidisme a laissés empreints dans les esprits. On comprend alors qu'elles soient devenues comme un faisceau auquel se rattachèrent tous les sou-

1 Horat., lib. 2, od. 16, v. 29.

2 Carm. sacc., 25.

3 Millin, Voyage dans le Midi de la France, pl. 65, 2, et de imaginibus musarum, ap. J. Ch. Martini Thesaur. dissertationum, t. 2, P. 1, p. 36 (Norimbergæ, 1765).

venirs de l'antique religion des Gaulois. Les fées sont demeurées comme le symbole du druidisme abattu par la croix, et leur nom est resté attaché à tous les monumens de ce culte. Les tombelles, les menhirs, les allées couvertes ont été placés sous leur patronage. Près de Vihiers (Maine-et-Loire), une tombelle gauloise a reçu le nom de la Motte aux fées [1]; dans l'île de Corcoury, près de Saintes, une autre celui de Terrier de la fade. A Essé (Ille-et-Vilaine) est la célèbre roche des fées [2]; près de Vienne (Isère), c'est le puits aux fées; à Langeac, en Auvergne, ce sont les Peyrres de las fadas; près de Noailles (Oise), c'est la pierre aux fées; le peulvan de Sainte-Hélène (Lozère) s'appelle lou Bertel de las fados (le Fuseau des fées); les dolmens de Saint-Maurice, arrondissement de Lodève, sont désignés par le nom d'Oustals de las fadas (Maison des fées); près de Felletin (Creuse), des dolmens semblables s'appellent Cabane des fées. Sur la route de Dijon à Plombières, des grottes druidiques ont reçu le nom de Four

[1] On donne le nom de *motte* à des buttes artificielles de terre amoncelée, qui ont aussi reçu les noms de *mallus*, *tumulus*, *barrow*. On les a encore désignées sous ceux de *peu*, *pu*, *puh*, *puch*, *pouy* *puy*, *pic*, *podium*, qui indiquent en général une élévation conique, et celui de buttes, de *pujeaux*, *pujols*. Cf. A. de Jouffroy et E. Breton, Introd. à l'Histoire de France, p. 31 et sv.

[2] La roche aux fées se trouve dans la forêt du Theil, canton de Rhetiers. Cf. Mém. de M. de la Pillaye ap. Mém. des antiq. de France, nouv. série, t. 2, p. 95.

des fées. On voit encore la grotte aux fades près des ruines du château d'Urfé [1]. Aux confins de l'Auvergne et du Velay, existe près du village de Borne, sur la rive gauche du ruisseau de la Borne et dans les flancs des rochers qui la surplombent, des grottes que les paysans nomment la Chambre des fées [2]; ces grottes appartiennent, comme celles du château d'Urfé, à l'époque celtique. Les pierres de la Tioule de las fadas, à Pinols, à cinq lieues et demie de Saint-Flour, sont regardées comme ayant été apportées par les fées. La pierre druidique placée à six lieues sud-ouest de Blois, entre la commune de Pont-Leroy et celle de Thenay, et qui a reçu le nom de *Pierre de minuit*, par la croyance où sont les paysans qu'elle tourne tous les ans la première heure de la nuit de Noël [3], est regardée comme l'ouvrage des fées et des sorciers [4]. Près de Tours, on voit également une pierre semblable que les fées ont, suivant la tradition populaire, apportée sur le bout de leurs doigts [5].

1 Aug. Bernard, Histoire du Forez, t. 1, p. 21.

2 Bouillet. Tablettes historiques de l'Auvergne, t. 2, p. 421. Rapport de M. de Caumont.

3 Voyez ce que nous disons plus bas sur les idées païennes qui s'attachèrent à la fête de Noël.

4 Mém. de l'acad. celtiq., t, 4, p. 306; Mém. de M. Veau Delaunay.

5 Il existe en France plusieurs de ces pierres, qui reçoivent, en divers endroits, le nom de *pierre qui vire*.

La multiplicité de ces exemples le démontre, et nous sommes loin de les avoir tous cités; les fées ont remplacé les druides, puisque leur souvenir s'attache sans cesse à ces grottes, à ces monuments où sans doute les druides faisaient leur demeure. C'est autour des dolmens, des menhirs de Carnak et de Locmariaker, que les korrigans, au dire des paysans bas-bretons, célèbrent leurs danses nocturnes, c'est-à-dire précisement dans les lieux où les druidesses gauloises tenaient leurs mystérieuses assemblées. Près de Pontusval, dans le Finistère, en voit plusieurs de ces pierres que l'on appelle les Danseuses; on prétend que des jeunes filles qui dansaient au moment où une procession chrétienne vint à passer, refusèrent de mettre fin à leur profane amusement, et furent ainsi métamorphosées [1]. Il est aisé de saisir le mot de ce mythe populaire. Ces danseuses opiniâtres et rebelles sont ces mêmes druidesses qui, sous le nom de korrigans, forment leurs rondes dans les champs semés de pierres celtiques; ces pierres sont restées comme un souvenir de la résistance qu'elles opposèrent au culte nouveau. Chassées du sol où elles avaient régné sans rivales, ces femmes se réfugiaient pour ainsi dire autour des monuments de leurs religion; et par une analogie nouvelle avec les parques [2], les

[1] E. Souvestre, le Département du Finistère en 1836, à la suite de la nouv. édit. du Voyage de Cambry, p. 209 note.

[2] Les parques étaient souvent regardées comme habitant

cavernes leur étaient assignées pour demeure, dans les légendes, dont elles devenaient l'objet. Nous ne devons donc pas nous étonner si des idées magiques se sont attachées à ces constructions dont la masse informe et grossière contrastait tant avec les édifices plus savants de la civilisation chrétienne. C'est entourée de ces croyances superstitieuses que nous voyons, par exemple, la célèbre carole de Stone-Henge, figurer dans le roman de Brut[1]. Ces pierres énormes, au dire de Robert Wace, Merlin les a transportées de l'Irlande où les géants les avaient placées. Cet enchanteur les remue par sa seule parole. D'après les traditions celtiques, c'était sur les dolmens, les menhirs, qu'étaient gravés toutes les sciences et tous les arts. Au IXe siècle, on les nommait encore pour cette raison, *menhirs du savoir*. Ces monuments jouaient dans le druidisme le même rôle qu'en Egypte, les steles sur lesquelles Thoth, l'Hermès égyptien, avait écrit toutes les connaissances humaines. Ils rappellent les runes du Nord, cette science mystérieuse dont nous parlerons tout à l'heure, en revenant sur ces rapprochements avec les faits qui nous occupent.

Ce que nous venons de dire l'a déjà fait voir, ce ne fut pas sans de fréquentes tentatives de rébel-

une caverne où elles se tenaient séparées de tous les humains. Cf. Orph. Hymn. LVIII, v. 2.

1 Cf. Roman de Brut, éd. Leroux de Lincy, t. 1, p. 390 et sv.; t. 2, p. 131 et sv.

lion, sans des efforts opiniâtres pour ressaisir la domination, que le druidisme a cédé sa place au christianisme, que les semnothées et les eubages se sont retirés devant l'apostolat d'un Denis ou d'un Martin. Les traces des croyances qui y avaient si longtemps régné exclusivement, furent d'autant plus vivaces, qu'elles se rattachaient à un vieux levain d'opposition nationale. Les fées semblent avoir été une personnification de ces sympathies pour les antiques superstitions, de cette inimitié pour l'innovation religieuse que nourrissaient sans doute en silence les derniers héritiers des druides [1].

Cette origine païenne des fées explique les sentiments d'animadversion qu'on leur prête contre le christianisme, cette défiance que leur foi inspire même aux mortels qui sont épris de leurs charmes. Mélusine assura à Raimondin qu'elle était bonne chrétienne, et Mélior, couchée avec Parthenopex de Blois, fit dans le lit sa profession de foi [2]. Les fées, disent les paysans bas-bretons, sont animées d'une haine mortelle contre le clergé. La Vierge est aussi de leur part l'objet d'une haine toute particulière. Aussi le samedi, jour consacré à Marie, est-il pour les fées un jour néfaste; on se rappelle

[1] Tertullien a dit, en parlant du druidisme : «Sed et nunc in occulto perseverat sacrum hoc facinus.» Apologet., c. 9.

[2] Cf. Legrand d'Aussy, Fabliaux, t. 4, p. 284; et Parthenopex de Blois, publié par M. Crapelet, t. 1, p. 53, v. 1535 et sv.

que dans les légendes, c'est en ce jour qu'elles accomplissent leur pénitence. Dans les dogmes chrétiens, rien ne dut exciter davantage la jalousie des femmes gauloises chez lesquelles les hommes reconnaissaient comme un caractère divin, que ce culte rendu à une femme étrangère, inconnue, mère d'un dieu, vierge comme les prêtresses de l'île de Seyn, mais supérieure à elles toutes. Une sorte d'opposition s'établit naturellement entre la Vierge et les fées, comme entre Dieu et le démon; et par une espèce d'expiation, l'usage substitua le nom de la Vierge à celui des divinités déchues. Près d'Essé, on appelle Lande-Marie un endroit que l'on regarde comme ayant été longtemps fréquenté par ces fées. Ces mêmes pierres celtiques, que dans plusieurs endroits on dit avoir été apportées par elles, à Cognac, d'après la croyance populaire, ont été transportées par la mère du Sauveur[1]. Un des lieux de la Bretagne où se trouve le plus de monuments druidiques, Locmariaker, a été consacré à Marie, comme l'indique l'étymologie de son nom [2].

Plusieurs usages qui subsistèrent longtemps en France, font voir combien la destruction, la disparution des fées était liée dans les imaginations,

[1] Mém. de la société des Antiquaires de France, t. VII, p. 31.

[2] Locmariaker veut dire le lieu de la belle Marie.

avec l'apparition du christianisme ; ils viennent donc corroborer l'idée que ces femmes se rattachaient à des croyances que le christianisme avait remplacées. On a célébré jusque dans le XVIIe siècle, à l'église de Poissy, une messe pour préserver le pays de la colère des mauvaises fées [1]. Suivant une superstition de la Lorraine, les fées reviendraient si à la messe de la saint Jean, on ne chantait pas l'évangile saint Jean [2]. On voit dans le procès de Jeanne d'Arc, rapporté par Laverdy [3], que tous les ans le curé de Domremy allait chanter l'évangile près de l'arbre des fées, pour chasser les mauvaises fées.

Les fées craignaient de voir s'éteindre leur race maudite; images du druidisme luttant contre sa ruine et cherchant à retenir dans ses dogmes quelques chrétiens égarés, elles enlevaient les enfants qu'elles rencontraient.

« Marie la Belle est bien affligée; elle a perdu son petit Lao; la korrigan l'a emporté, dit un chant populaire breton [4]. »

Les fées cherchaient à suborner quelques jeunes seigneurs, pour en devenir les épouses; témoin cet autre chant de la Bretagne :

1 Walckenaer, préface des Contes de Perrault.

2 Beaulieu, Archéologie de la Lorraine, t. 1, p. 167.

3 Notices et extraits des manuscrits de la Bibliothèque royale, t. 3.

4 Th. de la Villemarqué, Chants populaires de la Bretagne. L'Enfant supposé, t. 1, p. 25.

« La korrigan était assise au bord d'une fontaine et peignait ses cheveux blonds ; elle les peignait avec un peigne d'or, car ces dames ne sont pas pauvres : Vous êtes bien téméraire, de venir troubler mon eau, dit la korrigan ; vous m'épouserez à l'instant, ou pendant sept années vous sécherez sur pied ou vous mourrez dans trois jours[1]. »

Melusine suborna ainsi Raimondin pour échapper au destin cruel que lui avait prédit sa mère Pressine.

Ces idées défavorables reparaissent sans cesse dans les traditions relatives à ces femmes mystérieuses. La beauté est, il est vrai, un des avantages qu'elles ont conservés; cette beauté est presque proverbiale dans la poésie du moyen-âge[2]; mais, à ces charmes, elles unissent quelque secrète difformité, quelque affreux défaut; elles ont, en un mot, je ne sais quoi d'étrange dans leur conduite et leur personne. La charmante Mélusine devenait, tous les samedis, serpent de la tête au bas du corps. La fée qui, d'après la légende, est la souche de la maison de Haro, avait un pied de

[1] Th. de la Villemarqué, Chants populaires de la Bretagne, t. 1, p. 4.

[2] Le roi Meriadus, en voyant la mie de Gugemer, la prit pour une fée tant elle était belle :

> Dedenz unt la dame trovée,
> Ki de biauté ressemblait fée.
>
> (LAI DE GUGEMER, poés. de Marie de France, éd. Roquefort, t. 1, p. 100.)

biche, d'où elle tira son nom, et n'était elle-même qu'un démon succube.

Les fées ont perdu peu à peu les prérogatives divines, les prérogatives qu'elles avaient comme parques, comme déesses des destinées humaines. Elles ont été graduellement réduites à la condition plus humble de l'humanité. Toutefois, on ne les a pas entièrement dépouillées de leurs priviléges; il leur est resté une sorte d'immortalité :

> Perch' una fata non può mai morire
> Fin'al di del giudicio universale,

a dit Boiardo dans son Orlando inamorato (l. 2, c. 26, st. 15). Mais cette immortalité est triste comme celle de Tithon, elle n'est pour elles qu'une longue vieillesse, une série de maux auxquels le trépas ne doit point apporter de terme. Arioste fait dire à Manto, dans son Roland :

> Nascemmo ad un punto che d'ogn'altro male
> Siamo capaci fuor che delle morte,
> Ma giunta è con questo essere immortale
> Condizion non men del morir forte.
> (*Orl. fur.*, c. 43, st. 98.)

Souvent les fées n'ont plus été, aux yeux des poètes, que de véritables sorcières, que des héritières de Médée, de Circé ou de Canidie [1]. Par un

[1] C'est ainsi que les trois parques sont devenues, dans Macbeth, trois sorcières; mais le nom de sœurs fatales, *weird sisters*, que Shakespeare leur a conservé, rappelle encore leur origine. Leur chaudron magique accuse aussi une origine septentrionale; il nous reporte, comme l'observe M. J.-J. Ampère, à la mystérieuse opération du *seida*, dont les Sagas ne parlent qu'avec horreur.

phénomène qui s'est presque toujours produit, quand une religion a triomphé d'une autre, les divinités vaincues ont été transformées par les sectateurs de la foi nouvelle, en esprits malfaisants, en démons, en génies attachés à la poursuite de l'homme. Odin est, pour les paysans du Danemark, le nom du diable; les Parsis sont, pour les musulmans, les adorateurs de Satan. Les druidesses, confondues avec les déesses qu'elles servaient, devinrent plus tard, pour le peuple, des sorcières en commerce avec le démon. Les assemblées nocturnes que tenaient la nuit ces prêtresses, furent, pour le crédule vulgaire, la sacrilége cérémonie du sabbat. Les montagnes, telles que le Broken[1], le Volbrecht, le Johannisberg[2], sur le sommet desquelles on sacrifiait aux anciens dieux, furent regardées comme des lieux maudits où ces femmes horribles formaient leurs danses[3]. Les herbes, telles que le selage et la verveine, que les druidesses allaient cueillir avec des rites solennels, au solstice d'été, devinrent des herbes magiques que

[1] C'est sur le Brocken que Witikind sacrifia à Thor. Chez les Bructerès, on comptait plusieurs de ces montagnes sacrées; telles étaient le Huiberg, le Weckingstein, et le Köterberg, appelé jadis Gotzenberg, montagne des dieux, et située entre Paderborn, Lippe et Corvey; elle fut regardée, dans le moyen-âge, comme le séjour des géants. Cf. Grimm, Tradit. allem., tr. Theil, t. 1, p. 32.

[2] J. A. N. Teltau und Temme, die Volkssagen Ostpreussens, Lithauens und Westpreussens, p. 264.

[3] Toutes les traditions populaires font de la danse, l'occu-

les sorciers coupaient le jour de la Saint-Jean [1], pour en composer des breuvages enchantés [2].

pation des esprits, des génies et des êtres surnaturels. Les elfs passent le temps à danser; les nix dansent souvent à la surface des ondes; les nains dansent sur les montagnes. Les viles de la Servie, jeunes et belles comme les femmes des elfs, au nombre de trois, comme les parques, forment aussi leurs rondes magiques, *kolo,* dans les prairies. Cette croyance tire évidemment son origine des cérémonies nocturnes que, dans les rites du druidisme, aussi bien que dans ceux du polythéisme grec et romain, on célébrait la nuit. Horace nous représente ainsi Vénus conduisant des chœurs de danse, à la clarté de la lune :

Jam Cytherea choros ducit Venus, imminente luna,
Junctæque nymphis Gratiæ decentes.

(lib. 1, od. 4.)

[1] Pour certaines plantes, à la vertu médicale desquelles le peuple continuait d'avoir foi, le clergé fit ce qu'il avait fait pour les dolmens et les arbres sacrés : il sanctifia ces vestiges du paganisme, en plaçant ces plantes sous l'invocation du Christ et des saints, afin qu'on attribuât à ces nouveaux patrons la vertu que l'on continuait à reconnaître dans la plante. C'est ainsi que le guy fut appelé l'herbe de la croix (louzou ar groaz). Reynier a remarqué, dans son Économie publique et rurale des Celtes, p. 196, que dans plusieurs cantons de la France, le sèneçon cueilli avec certaines cérémonies, le jour de Saint-Roch, et béni par un prêtre, devient une panacée pour les bêtes à cornes. Cette plante, ajoute-t-il, pourrait bien être le samolus des druides, plante à laquelle, selon Pline, ils attribuaient la propriété de guérir les maladies des animaux.

[2] La Saint-Jean correspond au solstice d'été, et les Gaulois, les Germains et les Scandinaves célébraient à l'époque des solstices, des fêtes solennelles; ou, pour mieux dire, il existait chez ces deux peuples deux grandes fêtes : celle d'hiver, qui, suivant les lieux, variait du solstice d'hiver au mois de février, et celle du printemps, qui variait de l'équinoxe du printemps au solstice d'été, c'est-à-dire de l'époque de Pâques à celle de la Saint-Jean. La fête d'hiver s'appelait *Ioule*, *Iole*, ou *Ioel*, c'est-à-dire du soleil.

Les neuf druidesses de Kerloiou, qui veillaient à la garde des eaux sacrées, furent appelées les

Hiaul et *houl* signifient encore soleil, dans les dialectes de la Basse-Bretagne et du Cornouaille. A l'établissement du christianisme, cette fête, sans changer de nom ni d'époque, a changé d'objet, et dans les langues septentrionales, *jaul* signifie aujourd'hui la fête de Noël. Ce nom n'est pas la seule trace qui soit restée de l'origine païenne de cette fête. Ces mascarades, ces déguisements bizarres usités dans le commencement de l'hiver, sont certainement un reste de l'usage où étaient les Germains, dans la fête de Jul, qui durait chez eux du 19 janvier au 6 février, de se revêtir de peaux de bêtes et de courir sous un accoutrement bizarre. Cet usage n'était pas particulier aux Germains, il existait chez les anciens peuples de l'Italie, à l'époque des Saturnales, qui se célébraient précisément dans le même temps, et il s'est perpétué dans le carnaval des modernes. Les Germains immolaient un porc à Freya, la déesse des moissons, parce que, disaient-ils, cette déesse était, dans ce jour de fête, traînée par des sangliers d'or. Cette offrande s'appelait *bulling-buste* (Cf. Sæmundis Edda des Weisen ubers. von Studach. Abth. I, p. 85, notes). Le nom de *sparkelmonat*, mois du porc, donné encore par les Flamands au mois de février, date de cet antique usage. C'est à la célébration de cette fête que se rapporte la défense du concile de Leptine, § 3, *de Spurcalibus in februario.* Chez les Scandinaves, la fête de Jul avait principalement lieu à Noël, au solstice d'hiver; elle était annoncée par une trève solennelle et des chants joyeux. Devenus chrétiens, les Scandinaves observèrent les mêmes prescriptions à l'époque de Noël, qui remplaçait pour eux, ainsi que nous l'avons dit, la fête de Joel; de là ces vers que Shakespeare, dans sa tragédie d'Hamlet, fait dire à Horatio:

> Some say, that ever 'gainst that season comes
> Wherein our Saviour 's birth is celebrated,
> This bird o' dawning singeth all night long:
> And then they say no spirit dares stir abroad;
> The night are wholesome; then no planets strike
> No fairy takes, nor witch hath power to charm,
> So hallow'd and so gracious is the time.

Il est à remarquer que c'était à l'époque de Noël qu'avaient lieu, au moyen-âge, toutes ces fêtes moitié sacrées, moitié

neuf sorcières, et les chants populaires racontèrent comment Kai, le serviteur, le compagnon d'Arthur, les avait mises à mort. Une fois les fées con-

bouffonnes qui, dans l'origine, remontent sans aucun doute aux Saturnales. Le jour de Noël, on célébrait la fête de l'âne; le 26 décembre, celle des diacres; du 1er au 6 janvier, celle des fous.

La fête du printemps portait le nom d'Eostur; à l'avènement du christianisme, Eoster devint le nom sous lequel on désigna la fête de Pâques; les feux de joie qu'on allumait à la fête d'Eostur, en l'honneur de Freya, donnèrent naissance aux feux de Pâques (osterfeuer) de la Belgique et de l'Allemagne, et aux feux de la Saint-Jean de la France (Cf. Schayes, Essai historique sur les usages, les croyances, les traditions des Belges, chap. 2, p, 15. Bruxelles, 1834). Le souvenir de ces deux grandes fêtes subsiste encore dans les traditions féeriques. Suivant la croyance populaire de l'Irlande, les elfs célèbrent deux grandes fêtes dans l'année; l'une est au commencement du printemps, quand le soleil approche du solstice d'été; alors le héros O'Donoghue, qui jadis régna sur la terre, monte dans les cieux sur un cheval blanc comme le lait, entouré du cortége brillant des elfs. Heureux celui qui l'aperçoit lorsqu'il s'élève des profondeurs du lac de Killarney! cette rencontre lui porte bonheur. A Noël, les esprits souterrains célèbrent une fête nocturne, avec une joie sauvage et qui inspire la frayeur. Les esprits des forêts courent dans les clairières, revêtus d'habillements verts; l'oreille distingue alors le trépignement des chevaux, le mugissement des bœufs sauvages. Lorsque le peuple entend ce vacarme, il dit que c'est le guerrier, les chasseurs furieux, *das wuthende Heer, die wuthenden Jäger*. Dans l'île de Moen, on appelle ce bruit le *Gronjette*; en Suède, on le nomme la chasse d'Odin. Plusieurs poëmes du moyen-âge renferment des allusions à ce chasseur sauvage que le poëme de Roland, dû au XVIIe siècle, à Conrad, nomme l'hôte que le diable envoie devant lui (Cf. Crofton Croker, o. c., t. 3, p. 93). Cette croyance a été la source de plusieurs traditions répandues en France et en Allemagne: telles sont celles du Chasseur éternel (Grimm. o. c., t. 1, p. 470); du chasseur sauvage (Hackelberg. id., t. 1, p. 295); de l'esprit de l'Hæselberg (id., p. 296); du chasseur nocturne du Riesen-Gebirge (id.,

fondues avec les sorcières, le nom de celles-ci dût aussi s'attacher à divers monuments druidiques. Dans la commune de Bouloire [1] (Sarthe), une réunion de peulvans qui a aujourd'hui disparu, portait le nom de cimetière des sorcières. Quelques unes de ces pierres sont regardées comme le théâtre du sabbat. En allant d'Alluyes à Dampierre, deux ou trois cents pas environ avant d'arriver à la montée qui conduit de Chartres à Tours, on remarque à gauche sur le gazon, une pierre plate haute d'environ trois pieds; c'est le fameux perron de Carême-Prenant, où, d'après le dire des gens du pays, tous les chats des hameaux voisins, ou plutôt les diables sous cette forme qu'ils aiment à revêtir, viennent faire le sabbat la nuit de Noël. L'église ne parvenait à déraciner ces idées païennes qu'en les frappant d'anathème, qu'en condamnant comme impies et diaboliques, les cérémonies qui respiraient encore les anciennes superstitions. Mais

p. 432); du grand-veneur de la forêt de Fontainebleau, de la chasse de saint Hubert et du chasseur infernal. Ces différentes légendes ont fourni à Bürger le sujet de sa ballade du chasseur féroce, *der wilde Jager*. Cf. J.-J. Ampère, hist. litt. de France avant le XIIe siècle, t. 2, p. 138 et suiv. pour plus de détails sur ce personnage nommé au moyen-âge, *Helquin*, par corruption du nom *Ellen* ou *Erlen-König*, le roi des elfes, nom qui a passé ensuite à l'un des personnages du théâtre bergamasque, Arlequin.

[1] Sur l'un des gros blocs de grès nommés *perrons*, qu'on y voyait, les paysans montraient le pas d'une fée; ainsi, dans ce seul monument, l'association des idées de druidisme, de fée et de sorcière, prouvait l'identité de leur origine.

ces anathèmes ne faisaient que resserrer davantage l'association des idées de druidesse, de fée et de sorcière. Les femmes, que la puissance de l'habitude continuait d'entraîner aux assemblées nocturnes où elles célébraient des cérémonies mystérieuses en l'honneur de Holda, de Diane, confondue avec Holda [1], croyaient évoquer Satan et

[1] La défense du concile d'Aix-la-Chapelle ne nous laisse aucun doute sur l'origine païenne du sabbat : « Illud etiam non admittendum, dit un de ses canons, quod quædam mulieres sceleratæ retro post Satanam conversæ credant se et profitentur cum Diana paganorum dea, et innumera multitudine mulierum equitare bestias et multa terrarum spatia intempestivæ noctis silentio pertransire jussionibus, velut dominæ obedire et certis noctibus ad ejus servitutem evocari. » On voit par ces paroles que les fameuses équipées de sorcières remontent au culte de Diane ou d'Holda. Cette Holda était la même divinité que Freya. L'Indiculus semble l'avoir eu en vue quand il parle de la lune, sur laquelle des femmes exercent un magique pouvoir. Cette lune est Diane, c'est-à-dire Holda ; ce pouvoir exercé sur la lune par des femmes est une superstition qui se rencontre chez les Grecs; on l'attribuait aux magiciennes de la Thessalie. Plin., Hist. Nat., XXX, 1 ; Virg., Ecl. VIII, 9; Horat., Epod., od. 5, v. 45, 46. Les Capitulaires condamnent également les assemblées nocturnes. Nous renverrons le lecteur à l'intéressante dissertation de M. George Zimmermann, intitulée : De mutata Saxonum veterum religione (Darmstadii, 1839, in-4o), pour de plus amples détails sur cette déesse Holda, identifiée par les Romains à Diane et à Vénus; on l'appelait aussi Bensozie, Pharaïlde ou Hérodiade. Ce dernier nom est postérieur à l'établissement du christianisme; il lui fut donné d'après la tradition répandue au moyen-âge, qu'à la mort de Jean-Baptiste, la fille d'Hérode fut condamnée à errer chaque nuit dans les bois, sans pouvoir prendre de repos, depuis minuit jusqu'au chant du coq. Suivant M. Zimmermann, cette tradition remonterait par conséquent à l'existence du culte d'Holda, dont elle ne serait

prendre part à ses rites infernaux. Sous l'influence de deux croyances contraires, elles venaient adorer les dieux de leurs pères, avec des idées empruntées à la foi nouvelle.

C'est ainsi que le christianisme pénétrait dans tous les esprits, et substituait dans les traditions des éléments nouveaux aux principes païens sur lesquels elles avaient d'abord reposé. La religion de Jésus répandait partout sa clarté, et les lieux même où l'ombre s'étendait encore, se coloraient des reflets de sa lumière.

M. Th. de la Villemarqué, en cherchant la véritable origine des romans de la Table-Ronde, a fait voir avec évidence comment le récit breton primitif s'était dégagé peu à peu de son type tout celtique, pour revêtir une forme de plus en plus chrétienne. Où cette transformation est-elle plus sensible que dans le sujet du roman de Perceval?

ainsi qu'une transformation, aussi bien que les légendes relatives au chasseur sauvage, au veneur mystérieux que nous avons rappelées plus haut. Les vacations nocturnes, *Utisëtur*, se rencontrent aussi chez les Scandinaves, elles se rattachaient, ainsi que les voyages chez les Finnois, *Finförar*, aux opérations théurgiques et principalement à la connaissance du Seidr ou art de revêtir telle forme ou telle peau (ham) d'animal que l'on voulait. Après avoir fait partie de la religion des peuples septentrionaux, après avoir été la science des dieux, le Seidr devint en horreur et fut regardé comme la science des Iotes, ennemis des dieux; on le défendit sévèrement. Les codes suédois, norwégiens et danois punirent les opérations magiques comme des crimes, et Olaf-le-Saint brûla traitreusement dans un festin, après les avoir énivrés, tous les sorciers, ministres du Seidr.

Le bassin magique des druides est devenu le vase qui renfermait le sang du Sauveur, le saint Graal que Joseph d'Arimathie, dont le souvenir s'est également substitué à celui du druidisme, a porté en Angleterre. La lance symbolique a été remplacée par celle qui perça le flanc du Christ [1]. Peredur enfin, le chercheur du bassin comme le signifie son nom [2], est devenu un héros chrétien dont Chrétien de Troyes a chanté les aventures [3].

Déesses-mères, nymphes, fées, druidesses, sorcières, tout vient se confondre dans une communauté d'origine. La piété et l'imagination ont tour à tour altéré leurs traits, mélangé leurs caractères, identifié leurs attributs. Toutes ces créations de la foi superstitieuse de nos ancêtres proviennent de la même source, l'antique religion des Gaulois, dont les premières croyances, gros-

[1] Cette lance était devenue à l'époque de la grande lutte des Bretons contre les Saxons, l'image de la guerre mortelle que les premiers avaient juré de faire aux envahisseurs de leur pays ; serment solennel que l'initié bardique était tenu de prononcer.

[2] Ce nom vient de *per* et de *gedur*, en construction *Edur*. Le mot *per*, bassin, a été traduit au moyen-âge par le mot actuellement inusité de *gradal* ou *graal*, qui a la même signification. Ce bassin, que Taliesin nous dit être placé dans le temple d'une déesse, qu'il appelle la patronne des bardes, inspirait le génie poétique, donnait la sagesse, découvrait à ses adorateurs la science de l'avenir, le mystère du monde, le trésor entier des connaissances humaines. Nous reviendrons plus tard sur son sujet, en parlant des nains.

[3] Cf. Contes populaires des anciens Bretons, introduct., P. 2, p. 161.

sières et sauvages, se sont transformées, par des métamorphoses successives, en une des plus gracieuses, des plus naïves images de notre poésie nationale.

Non seulement la France nous montre la féerie née des souvenirs de la religion gauloise, mais l'Allemagne nous présente des traditions sœurs de celles des fées et nées aussi des souvenirs du culte national. Cette analogie dans la marche que les croyances ont suivie dans l'une et l'autre contrée, nous est une preuve nouvelle de l'exactitude des conclusions auxquelles les précédentes recherches nous ont conduit. Soumises à une même analyse, les traditions populaires de la France et de l'Allemagne se décomposent dans les mêmes éléments, et sous des influences semblables ont les voit subir de communes métamorphoses; leur identité se révèle donc par le simple examen des faits.

L'ancienne religion des Scandinaves a eu très certainement une grande analogie avec celle des Gaulois. Le Tarann, le Wodan de ceux-ci semblent être les mêmes que le Thor et l'Odin des peuples septentrionaux [1]. Ces divinités que les Romains

[1] M. Beaulieu, dans son Archéologie de la Lorraine, se fondant sur la ressemblance qui existe entre le surnom de Wodan et le vieux mot saxon *Wood*, bois, en a conclu que Mercure Wodan était le Mercure des bois, que les Gaulois des Vosges et des bords du Rhin honoraient comme ceux de l'Armorike et des Pyrénées honoraient le Mercure Teuth ou Teutates. Nous ne partageons pas l'avis de cet estimable antiquaire et

ont désignées sous le nom de Jupiter et de Mercure, virent longtemps leurs autels subsister dans

l'assimilation de Mercure et d'Odin nous semble reposer sur des raisons plus solides. Partout où Odin recevait un culte, à Gand, dans l'île de Walcheren, dans la Germanie, nous le trouverons désigné par les annalistes ou les hagiographes qui écrivaient dans la langue latine, sous le nom de Mercure. C'est ce dont on peut notamment s'assurer en lisant la vie de saint Willebrorde. Le dieu auquel les Alemanni offraient, près du lac de Zurich, des libations de cervoise dans une coupe immense, est appelé par Jonas, abbé de Bobbio, auteur de la vie de saint Colomban, Wodan, et il ajoute qu'il est le même que Mercure : or, ces libations dans le vase nommé *kufe*, *kübel*, était particulier au culte d'Odin. Au VIIIe siècle, Paul Warnefrid écrit que Wodan est la divinité des Lombards. De gestis Longobard, lib. 1, c. 7, 8, 9. Or, l'on sait que la religion des Lombards venue des bords de la Baltique, était la même que celle des peuples septentrionaux, ce qui nous démontre de nouveau que Wodan est bien l'Odin scandinave. D'ailleurs comment douter que ce dieu n'ait été bien réellement la divinité principale des Alemanni, lorsque Walafridus-Strabo, auteur du VIIIe siècle, dans sa vie de saint Gall, dit qu'à l'époque de ce saint, c'est-à-dire au commencement du VIIe siècle, ces peuples avaient trois grandes idoles qui étaient celles de leurs trois grandes divinités. Ces idoles sont certainement celles des trois divinités des peuples du Nord, idoles qu'Éric-Olaus nous apprend avoir été longtemps à Upsal et qui représentaient la triade scandinave, Odin, Thor et Frigga. Le mercredi (dies Mercurii) fut désigné par les peuples de souche germanique, sous les noms de gotendag, ondag, fintzdag, wodestag, wodunstag, voderstag; noms d'où sont dérivés le woenstag flamand et le wednesday anglais (*). Cf. Ch.

(*) On sait que la semaine planétaire, c'est-à-dire l'ancienne période de sept jours à laquelle on a appliqué le nom des sept planètes, d'après la correspondance astrologique établie entre les planètes et les décans du zodiaque, est d'une origine grecque astrologique fort récente; la plus ancienne mention s'en trouvant dans Dion Cassius. Cette semaine a été adoptée par une foule de peuples et aussi bien par les Scandinaves que par les Indiens. La substitution faite par les premiers, du nom de leurs dieux à ceux des

la Germanie et la Gaule; la Diane qui était honorée en diverses contrées de ces deux pays, n'était autre

K. Barth, Teutschlands Urgeschichte, par. 600, p. 327 et sv. (Baireuth, 1817). Lorsque Tacite rapporte dans sa Germanie, c. 9, que Mercure est le dieu que les Germains honorent davantage, qu'ils lui immolent des victimes humaines, comment ne pas reconnaître Odin sous ce nom de Mercure, Odin, auquel les peuples du Nord offraient effectivement ces horribles sacrifices, défendus par Charlemagne aux Saxons, sous peine de mort. Capit. 8, de partib. Saxon. Cf. Marcellini vit. s. Swiberti, c. 18, 12; Beda, lib. 5, c. 12. Cette assimilation des deux dieux venait sans doute de la fonction de Psychopompe, et qu'ils remplissaient tous deux, l'un pour l'Élysée, l'autre pour la Valhala. Quelquefois avec plus de raison Odin ou Wotan a été regardés comme le même que Mars. Le caractère essentiellement guerrier de ces divinités les rapprochait en effet davantage. Le roman de Brut nous donne encore la preuve qu'à l'époque de Robert Wace, Mercure était confondu avec Odin; le trouvère de Jersey place ces mots dans la bouche d'Hengist parlant au roi Vortigern :

Mais sor tos altres honoren.
Ce vous di bien, Mercurion
Qui en nostre langage a nom
Woden...

(V. 636-39, Ed. Leroux. de Lincy, t. 1, p. 130.)

C'est également sous le nom de Mercure, que l'Indiculus

dieux romains identifiés aux sept planètes, loin d'assigner une origine septentrionale aux diverses dénominations des jours de la semaine des Scandinaves, ne fait que nous indiquer les noms des divinités odiniques, assimilées respectivement aux divinités romaines. Ainsi l'étymologie de ces noms démontre à elle seule l'identité qu'on avait établie entre Odin et Mercure, entre Thor et Jupiter, entre Freya et Vénus, et ainsi de suite. Cf. Lud. Ideler, Handbuch der mathematischen und technischen Chronologie, t. 2, p. 182 et sv. (Berlin, 1826, in-8°.)

que la Freya scandinave. Les parques ou déesses-mères avaient dans les trois nornes [1] de véritables sœurs. Ces déesses s'appelaient Udr, Verdandi et Skuld, c'est-à-dire le passé, le présent et l'avenir. C'était aussi aux trois époques de la durée, que présidaient les parques grecques, suivant Platon [2]. Lachésis régnait sur le passé, Clotho sur le présent, Atropos sur l'avenir. Et cette manière de considérer les déesses du sort semble avoir été la plus ancienne. La destinée, Μοῖρα, reçut d'Hé-

superstitionum (Falkenstein, Ant. Nordgavienses, p. 274), désigne Odin dont il condamne le culte avec celui de Thor, qu'il appelle Jupiter. Il y a eu effectivement entre ces deux derniers dieux une assimilation pareille à celle qui eut lieu entre Odin et le fils de Maia. Le jeudi, jour consacré à Jupiter, était aussi consacré à Thor, et reçut pour cette raison dans les langues du Nord, le nom de Torsdag, Dornstag, aujourd'hui en allemand Donnerstag, en anglais Thursday. Le chêne, l'arbre sacré du roi de l'Olympe, était l'emblème de Tarann et de Thor, et l'on sait que la vénération qu'avaient pour lui les prêtres gaulois qui allaient solennellement chercher le guy sur sa tige, leur avait valu leur nom de Druides. Plusieurs forêts avaient reçu leur nom de ce redoutable membre de la triade Scandinave, Turnhout et Tourhout en Belgique doivent leurs noms à deux de ces forêts, Thoraldi-Sylva, Thoralti-Sylva, dont elles occupent l'emplacement. Le nom de Tarann-Uccus, trouvé dans les inscriptions, est précisément celui que donnaient les Finnois à Thor, Aucu.-Thor. Cf. Münter, D. et N., Kirchengeschichte, I. 16-17.

1 Cf. Lexic. Mythologic. septentr. ap. Edda Sœmundina, t. 1, p. 528.

2 Le nom de Nornes lui-même, *Nornir*, rappelle celui de Nona donné quelquefois à la première des trois parques, lorsque les deux autres étaient désignées par les noms de Decima et de Morta. Cf. Caesell. Vindic., ap. A. Gell., l. 3, c. 16, p. 306.

siode le surnom de τριμορφος, comme présidant aux trois divisions du temps. Cette triple façon de l'envisager donna ensuite l'idée de partager ses attributs entre trois déesses. Les nornes rappelaient donc par leur nombre les trois parques, tout comme les deux Valkyries rappelaient les deux keres [1]. Le nom de Meyar, Mœr, donné souvent à la première des nornes, accuse une étymologie semblable à celle du grec Μοῖρα, du Maira des inscriptions latines. Nous voyons les nornes assister à la naissance des enfans, leur prédire la destinée que l'avenir leur réserve, les douer de vertus et de qualités particulières, en un mot remplir toutes les fonctions que l'antiquité assignait aux parques, le moyen-âge aux fées. C'est ainsi que les nornes se présentèrent dans Bralundr, aux couches de Borghilda, reine des Danois, et annoncèrent la haute fortune que le sort réservait à Helg

[1] Les keres étaient au nombre de deux, comme nous l'apprennent ces vers de Mimnerme:

..... Κῆρες δὲ παρεστήκασι μέλαιναι
Ἡ μὲν ἔχουσι τέλος γήραος ἀργαλέου
Ἡ δ' ἑτέρη θανάτοιο.....

(Fragm. II, ed. Boissonad.)

Quintus Calaber (Paralip., l. II, v. 510-11), nous représente Jupiter envoyant au moment du combat d'Achille et de Memnon, deux keres; l'une noire qui se dirige vers le fils de l'Aurore, l'autre brillante qui vole autour du fils de Thétis.

Les Valkyries en égal nombre, Gudr et Rota, désignaient comme les divinités grecques, au milieu des batailles, les guerriers que la mort devait frapper.

l'Haddingicide [1]. Le roi danois Fridleif interrogea ces mêmes divinités sur le sort de son fils Olaf [2]. Le héros Nornagest dut son nom à une circonstance semblable [3].

L'adoration des objets physiques de la nature a été comme dans la Gaule, un des caractères principaux du culte national, un de ses traits les plus saillants et les plus anciens, puisque, ainsi que nous l'avons déjà remarqué, il se rattachait au fétichisme qui précéda l'établissement d'une religion moins grossière. Les Germains adressaient leurs hommages à des troncs d'arbres informes, images de leurs divinités [4]. Le célèbre Irminsul des Saxons ne consistait, on le sait, qu'en un tronc de ce genre [5]. Cette vénération pour les pierres, les arbres, les eaux, les fontaines, résista longtemps aux progrès du christianisme [6]. Les Germains ne se montrèrent pas moins attachés à leurs anciennes superstitions

[1] Cf. Helga-Quida-Hundingbana ap. Edda Sœmundar Hins Froda, t. 2, p. 56. (Hafniæ, 1818, in 4o.)

[2] Saxo grammatic., éd. Francf., p. 92.

[3] Ce nom veut dire : Hôte des Nornes. Cf. Bergmann, poèmes islandais, p. 157.

[4] ..... Simulacraque mœsta deorum
Arte carent, cæsisque extant informia truncis.

(Lucan., l. 3, v. 412.)

[5] Truncum quoque ligneum non parvæ magnitudinis in altum erectum sub dio locabant, patriâ cum linguâ Irminsul appellantes. Willibaldi, vit s. Bonifac.

[6] Arborum illis cultus et amnium colliumque et vallum, dit Agathias en parlant des Alemanni. Hist. Jud., lib. 1.

que les Gaulois, et le clergé, pour triompher de ces restes vivants du paganisme, usa des mêmes moyens. Il consacra au culte nouveau les objets auxquels les croyances nationales attachaient des idées de respect et de piété. Par l'effet d'une politique utile, plus d'un chêne dédié à Thor, passa sous l'invocation d'un saint [1]; plus d'une fontaine échangea sa divinité protectrice contre un patron tiré du calendrier.

En France, les fées devinrent le symbole des croyances païennes qui luttaient contre les conquêtes de l'apostolat chrétien; en Allemagne, dans les pays du nord, les elfs jouèrent un rôle identique. Les fées se rattachaient aux parques, aux déesses-mères, aux divinités des objets physiques, personnification de ces objets eux-mêmes; les elfs étaient liés de même aux nornes, et descendaient aussi des divinités, des pierres, des bois, des forêts et des fontaines. Les fées veillaient sur les destinées de certaines familles, les elfs avaient les mêmes fonctions : en un mot, ces deux classes d'êtres fantastiques étaient nées de deux sœurs, la religion des Gaulois et celle des Scandinaves, et avaient entre elles, à raison de cette parenté, une frappante ressemblance.

[1] Tel est le célèbre chêne de Saint-Jodocus, près de Labiau, jadis consacré à Thor. Cf. J. A. V. Tettau und J. D. H. Temme, Die Volkssagen Ostpreussens, Litthauens und Westpreussens, p. 122. no 115.

Mais dans les contrées germaines, toute la mythologie des elfs prit un bien plus grand développement que dans la Gaule celle des maires ou des fées. Le souvenir d'une foule de divinités qui appartiennent à cette grande famille, est resté dans les traditions populaires, comme un curieux monument de l'ancienne divinisation des objets physiques. Tels sont les necks, les nix, les stromkarl, les mermaids, qui sont les esprits des eaux [1], les bergmännchen ou esprits des montagnes [2], les trolls, ceux des bois et des rochers [3], les gnomes, dwarfs, dwergar ou nains, ceux du sol, des pierres, des cavernes dont ils gardent les trésors [4], les alfs ou elfs ceux des airs et de la terre.

Ce sont les elfs qui offrent les traits les plus par-

[1] Cf. Keightley, the Fairy Mythology, I, p. 224 et sq. Les Nix sont ainsi appelés Nokken, en vieux germain, Nihhus. plur. nihhussû.

[2] Id. I, p. 158 et sv.

[3] On divise les *trolls* ou *trolds* en *trolds* des bois, *skov-trolde*, et *trolds* des montagnes, *bjerg-trolds*. Dans une foule de mots composés danois ou irlandais, la prépositive troll implique l'idée de magie, d'enchantement.

[4] Le plus célèbre de ces gnomes est Alberick, qui était commis à la garde du trésor des Niebelungen. Cf. Niebelungen, trad. par Mme Moreau de la Meltière, t. 1, p. 36, 3e aventure.

Les gnomes fuient la présence du jour, habitent sous les pierres, comme nous l'apprend l'Avis-mal :

By ek fur jörth nethan
A ek, undir steini. stath.

et dans les cavernes, ainsi qu'on le lit dans les Niebelungen ;

ticuliers de ressemblance avec nos fées françaises; telles qu'on les réprésente en Allemagne, ils ont même été introduits en France, sous le nom d'Aubes, d'Alps, et leur roi Oberon (Auberon), immortalisée par Wieland, a joui chez les romanciers du moyen-âge, de quelque renommée. Ce roi est le roi des Aulnes, *Ellen-König* chanté par Göthe.

Les femmes des elfs sont regardées en Allemagne comme aussi habiles que nos fées, à tourner le fuseau. Une foule de traditions rappellent ces mystérieuses ouvrières. Telle est la légende de la jeune fille de Scherven, près de Cologne, qu'on voit la nuit filer un fil magique [1]; telle est celle de dame Hollé, que la croyance populaire place dans la Hesse, sur le mont Meisner. Dame Hollé est une création de l'imagination germaine évidemment due au sou-

Von wilden Getwergen hau ich gehoeret sagen
Sie siu in Holn bergen.

Plusieurs légendes racontent comment des gnomes ont été découverts sous des pierres, derrière lesquelles ils étaient blottis. Telle est la légende dans laquelle il est question d'un de ces nains, qu'un jeune berger trouva près de Dresde, sous une pierre, et qu'il employa dès lors à garder ses troupeaux. Grimm. o. c., t. 1, p. 65. Cette légende rappelle le Tagès des Étrusques, qui sortit sous la forme d'un enfant, d'un sillon qu'un laboureur creusait près de Tarquinies, mais qui était doué de toute la sagesse d'un vieillard.

1 Sie setzt sich in Thale am grasigen Rain
Und spinnet gar fleissig im Mondenschein
Und lächelt gar frölich, thut Niemand ein Leid
Und heisst in der Gegend dort weit und breit
Das spinnende Fräulein von Scherven.

(Widar Ziehnert, Preussens Volkssagen, Mährchen und Legenden, II, n. 3.)

venir des nornes, des elfs et des esprits des eaux[5]. Comme les *Mairæ* antiques, Hollé distribue des fleurs, des fruits, des gâteaux de farine et répand la fertilité dans les champs qu'elle parcourt[1]; comme les parques et les fées, elle excelle à filer; elle encourage les fileuses laborieuses et punit les paresseuses; comme les fées, elle préside à la naissance des enfants, se montre alors sous l'apparence d'une vieille femme aux vêtements blancs; parfois aussi, elle est vindicative et cruelle, ainsi que certaines fées de nos fictions françaises; elle se venge, en enlevant les enfants et en les entraînant au fond des eaux. Pschipolonza, cette petite femme vieille, hideuse et ridée, qui effraie souvent les paysans des environs de Zittau, se montre à l'instar de nos fées, au bord des chemins, dans les bois, vêtue de blanc et occupée à filer[2]. Dans la Livonie, on croit aux *swehtas jumprawas*, jeunes filles qu'on aperçoit la nuit, filant mystérieusement [3].

Pour les Allemands, les fils des toiles d'araignée que l'on voit parfois voltiger dans les airs ont été tissés par les elfs ou les dwarfs [4]. En France, les enfants les appellent les fils de la bonne vierge, et substituent ainsi des idées chrétiennes à des souve-

1 Grimm, o. c., t. 2, p. 8.

2 H. G. Grave, Volkssagen und volksthümliche Denkmale der Lausitz, p. 56 (Bautzen, 1839).

3 Stender, Livonian Grammar, p. 146.

4 E. H. Voss, Notes sur Louise, III, 17.

nirs païens, tout en conservant la même superstition [1].

Les elfs ont été divisés en diverses classes, suivant les lieux qu'ils habitent et auxquels ils président. On distingue les *dunâlfenne* qui répondent aux nymphes *monticolæ*, *castalides* des anciens, les *feldälfenne*, qui sont les naïades, les hamadryades, les *muntälfenne* ou oreades, les *seâlfenne* ou naïades, les *undâlfenne* ou dryades [2].

Les elfs habitent les amas d'eaux, les sources, les étangs, et ce sont eux, disent les paysans de la Suède, qui produisent ce brouillard qu'on voit souvent s'étendre au-dessus des eaux.

Cette demeure des elfs rappelle tout de suite celle des fées placée aussi près des eaux. Mais de même que certains elfs étaient plus spécialement considérés comme des esprits des eaux, dans les contrées bretonnes, certaines fées nous apparaissent également comme des espèces de génies marins ou aquatiques.

Si l'on en croit l'étymologie que plusieurs antiquaires assignent à leur nom, Mélusine et Morgane

1 L'idée d'un fil, considéré comme une image de la destinée de l'homme, rappelle un usage des femmes turques et serbes. A chaque enfant dont elles accouchent, elles filent un fil auquel elles font des nœuds ; elles s'imaginent qu'elles n'accoucheront de nouveau, qu'en autant d'années qu'elles défont de ces nœuds. Voy. Boué, la Turquie d'Europe, t. 2, p. 126.

2 Cf. Crofton Croker, p. 3 passim.

auraient été du nombre de ces fées des eaux. Suivant M. de Freminville[1], Mélusine vient de *morluscin*, vapeur, brouillard de mer; *morgan* veut dire blancheur de mer. M. Th. de la Villemarqué tire l'étymologie de ce dernier nom, de *Gan*, prophète; et on doit au reste remarquer la grande ressemblance qui existe entre ce nom de Morgane et ceux de *muir-gheilt*, *murdhucha'n*, *merrow*, sous lesquels on désigne en Irlande, les mermaids[2]. Les mermaids et les nix nous semblent avoir été incontestablement les types primitifs de ces esprits aquatiques. Ce nom de dame du lac, donné à plusieurs fées, à la Sebille du roman de Perceforest, à Viviane qui éleva le fameux Lancelot, surnommé aussi du Lac, a son origine dans les traditions septentrionales[3]. Ces dames du lac sont filles des Meerweib-nixe, qui, sur les bords du Danube, prédisent, dans les Niebelungen[4], l'avenir au guerrier Hagène; elles descendent de cette sirène du Rhin

[1] Antiq. de la Bretagne, Côtes-du-Nord, p. 23.

[2] Th. de la Villemarqué, Contes populaires des anciens Bretons, p. 44.

[3] Cf. G. Ellis, Specimens of early english metrical romances, t. 1. p. 324 (London, 1811).

[4] Niebelungen, trad. par Mme Moreau de la Meltière, t. 2, p. 128. 25e avent. Dans Homère, les sirènes ont aussi le don de prophétie: elles connaissent le passé et l'avenir. Odyss., lib. XIII. Un grand nombre de divinités marines, représentées souvent avec des queues de poisson, Protée, Triton, Glaucus, Phorcus, avaient également le don de prophétie.

qui, à l'entrée du gouffre où avait été précipité le fatal trésor des Niebelungen, attirait par l'harmonie de ses chants que quinze échos répétaient, les vaisseaux dans l'abîme. Cette tradition germanique, mêlée au souvenir des sirènes et des néréïdes antiques, a donné naissance à toutes les légendes de fées des eaux. La fable française de Mélusine, une fable analogue de la Suisse sur une jeune fille serpent [1], sont sans contredit des produits de ce syncrétisme des traditions de l'Orient, de la Grèce et de la Scandinavie [2].

Les ondins, les nix de l'Allemagne, attirent au fond des eaux les mortels qu'elles ont séduits ou ceux qui, à l'exemple d'Hylas, se hasardent imprudemment sur les bords qu'elles habitent. En France, une légende provençale raconte de même comment une fée attira Brincan sous la plaine liquide et le transporta dans son palais de cristal [2]. Cette fée avait une chevelure vert glauque, qui rappelle celle que donnent les habitants de la Thuringe à la nix du lac de Salzung [3], ou celle qu'attribuent les Slaves à leurs roussalkis [4]. Ces roussalkis, comme les ondins de Magdebourg [5], comme

1 Korneman, Mons Veneris, c. 34, p. 189, 192.
2 Cf. Keightley, Fairy Mythology, t. 2, p. 287.
3 Cf. Bechstein, der Sagenschatz und die Sagenkreise des Thuringerlandes. P. 4, p. 117 (in-12, Meiningen, 1838). Les nix de ce lac enlevaient aussi les enfants, comme les korrigans de la Bretagne.
4 Cf. Makaroff, Traditions russes (en russe), t. 1, p. 9.
5 Grimm, o. c., t. 1, p. 83.

les korrigans de la Bretagne, viennent souvent, à la surface de eaux, peigner leur brillante chevelure. Mélusine nous est représentée de même, peignant ses longs cheveux, tandis que sa queue s'agite dans un bassin.

Les eaux ne sont pas le seul séjour commun aux elfs et aux fées, les arbres, les forêts sont encore le théâtre de leurs apparitions. En Suède, les paysans vénèrent les tilleuls, comme ayant jadis été la demeure des elfs. C'était sous un arbre gigantesque, le frêne Yggdrasill, auprès de la fontaine Urda, que les *nornes* liées, ainsi que nous l'avons dit, à ces esprits des airs, avaient fixé leur demeure.

L'herbe des champs est sous la protection des elfs ; tant qu'elle n'a pas encore levé, qu'elle ne fait que germer sous terre, ce sont les elfs noirs (Schwarz-elfen) qui la protégent, qui veillent sur elle; puis, a-t-elle élevé au-dessus du sol sa tige délicate, elle passe sous la garde des elfs lumineux (Licht-elfen), des elfs de la lumière. Sous ces croyances poétiques, le fétichisme ne cesse pas de se cacher. Ces elfs donnent la main aux nymphes italiotes.

Les elfs, avons-nous remarqué, attachent souvent leurs services à un homme ou à une famille et, suivant les contrées, ils ont reçu dans ce cas des noms différents [1]. On les appelle *nis*, *kobold*

[1] Dans les idées populaires des Romains, les lares pa-

en Allemagne, *brownie* en Écosse, *cluricaune* en Irlande [1], le vieillard *Tom-Gubbe* ou *Tonttu* en Suède [2], *niss-god-drange* dans le Danemarck et la Norwège, *duende*, *trasgo* en Espagne, *lutin*, *goblin* ou *follet* en France, *hobgoblin*, *puck*, *robin good-fellow*, *robin-hood* en Angleterre,

raissent avoir été des génies absolument du même genre; c'est au moins ce qu'indiquent ces vers de Plaute, dans le prologue de l'Antularia :

> Ne quis miretur qui sim, paucis eloquar :
> Ego lar sum familiaris ; ex hac familia,
> Unde me exeuntem me aspexistis.

[1] Le cluricaune se distingue des elfs, parce qu'on le rencontre toujours seul. Il se montre sous la figure d'un petit vieillard au front ridé, au costume antique ; il porte un habit vert foncé à larges boutons; sa tête est couverte d'un chapeau à bords retroussés. On le déteste à raison de ses méchantes dispositions, et son nom est employé comme expression de mépris. On parvient quelquefois, par les menaces ou la séduction, à le soumettre comme serviteur ; on l'emploie alors à fabriquer des souliers. Il craint l'homme, et lorsque celui-ci le surprend, il ne peut lui échapper. Le cluricaune connaît en général, ainsi que les nains, les lieux où sont enfouis les trésors ; et, comme les nains bretons, on le représente (voyez plus bas) avec une bourse de cuir à la ceinture, dans laquelle se trouve toujours un shelling. Quelquefois il a deux bourses, l'une contient alors un coin de cuivre. Le cluricaune aime à danser et à fumer ; il s'attache en général à une famille, tant qu'il en subsiste un membre ; il a un grand respect pour le maître de la maison, mais entre dans de violents accès de colère lorsque l'on oublie de lui donner sa nourriture. Crofton Croker, P. 3, p. 7.

[2] Cet esprit s'appelle Para chez les Finnois, d'où les Suédois ont fait le nom de Bjära ; il vole souvent le lait des vaches, pour le boire. Croker, t. 3, p. 147.

pucca, dans le pays de Galles. En Suisse, des génies familiers sont attachés à la garde des troupeaux, on les appelle servants; ce sont peut-être les sulèves antiques[1]. Le pasteur de l'Helvétie leur fait encore sa libation de lait, comme il y a vingt siècles celui de l'Arcadie ou de la Sabine la faisait à Pan, Pan type primitif de ces génies protecteurs du bétail, Pan, qui du sommet du Lycée ou du Lucretile, défendait la chèvre ou la brebis des feux dévorants du midi[2]. En plusieurs lieux, les servants s'appellent drôles, mot qui est la corruption de *troll*, nom que nous avons vu plus haut appartenir à d'autres membres de cette famille fantastique avec lesquels on les a confondus[3]. Les trolls sont effectivement, dans certaines légendes, de véritables génies domestiques[4]. Dans le Perche, on trouve des croyances analogues : des servants prennent soin des animaux et promènent quelquefois, d'une main invisible, l'étrille sur la

[1] Cf. J. Rud Wyss, Idyllen, Legenden und Erzählungen aus der Schweiz (Bern, 1813).

[2] Velox amœnum sæpe Lucretilem
Mutat Lycæo Faunus et igneam,
Defendit æstatem capellis.
(Q. HORAT. FLAC., lib. 1, od. 17.)

[3] Médit. histor. de Camerarius, t. 1, l. 4, c. 13.

[4] Cf. Lexic. mythologic. septentr., t. 3, ap. Edda Sæmundina (Havniæ 18, in-4o), verbo *Troll*.

croupe du cheval [1]. Dans la Vendée, moins complaisants, ils s'amusent seulement à leur tirer les crins [2]. Cependant en général les soins de tous ces êtres singuliers ne sont qu'à moitié désintéressés; ils se contentent de peu, mais néanmoins ils veulent être payés de leur peine [3].

Comme les fées, les parques et les nornes, les femmes des elfs se sont montrées plus d'une fois à la naissance des enfants pour leur annoncer leur destinée. Ainsi le fit celle qui promit le bonheur au fils d'une pauvre paysanne, sur lequel elle veilla sans cesse et auquel elle valut enfin la main de la fille du roi [4]. Ainsi le fit Huldelfe, qui apparaît aux

1 Fret, Chroniques Percheronnes, t. 1, p. 67. L'auteur du Petit Albert rapporte l'histoire d'un de ces invisibles palefreniers qui, dans un château, étrillait les chevaux depuis six ans.

2 A de la Villegille, Notice sur Chavagne en Paillers, p. 30. Mém. des Antiq. de France, nouv. ser., t. 6.

3 Robin Good-Fellow est chargé de balayer la maison à minuit, de moudre la moutarde; mais si l'on n'a pas soin de laisser pour lui une tasse de crême et de lait caillé, le lendemain le potage est brûlé, le beurre ne peut pas prendre.

....Robin good-fellow ; are you not he
That fright the maidens of the villagery,
Skim silk, and sometimes labour in the quern
And bootless make the breathless house-wife-churn,
And sometimes make the drink to bear no barm
Mislead night-wanders, laughing at their harm
Those that Hob-Goblin call you and sweet Puck
You do their work, and they shall have good luck.
(SHAKESPEARE, Midsummer Night's Dream, act. 2.)

4 Afzelius, Volkssagen und Volkslieder aus Schwedens ub. von Ungewitter, t. 1, p. 341.

couches de certaines femmes et prédit le sort des nouveaux-nés [1].

Dans toutes les contrées septentrionales les croyances relatives aux elfs sont associées à d'autres relatives aux nains. Les légendes sur ces êtres singuliers sont fort nombreuses en Allemagne; elles nous les représentent comme les génies de la terre et du sol; mais outre les nains proprement dits, les *dwergs* ou *dwarfs* et les *bergmännchen*, tout le peuple des esprits participe de ce caractère de petitesse. Les elfs, les nix, les trolls nous sont représentés comme d'une taille plus qu'enfantine. Les berstuc, les koltk [2], n'ont que quelques pouces de hauteur. En Bretagne, il en est de même des fées ou korrigans. Mille contes, mille *mährchen* disent comment des laboureurs, des paysans les ont découverts cachés sous une motte de terre, reposant à l'ombre d'un brin d'herbe [3].

Ces traditions sur les nains ne sont pas exclusivement du domaine des superstitions scandinaves et germaines; on les retrouve partout où se présentent les traditions des fées, et comme ces fem-

[1] Afzelius, Volkssagen und Volkslieder aus Schwedens ub. von Ungewitter, t. 1, p. 62.

[2] Berstuc, Markropet, Koltk sont les noms que reçoivent les nains chez les Wendes. Cf. Mash, Obotritische Alterthümer, III, 39. Les nains sont appelés en danois, *dverg*; en allemand, *zwerg*, en vieil allemand, *duuerch;* en flamand, *dwerg;* aux îles Feroe, *drorg, drôrg*; en écossais, *duergh*; en anglais, *dwarf*.

[3] Voyez, par exemple, dans Keightley la légende de Reichert, t. 1, p. 24.

mes mystérieuses ils forment un nouveau point de ressemblance entre la mythologie populaire des Celtes et des populations septentrionales. D'après les croyances bretonnes, il existe des génies de la taille des pygmées, doués, ainsi que les fées, d'un pouvoir magique, d'une science prophétique. Mais loin d'être blancs et aériens comme celles-ci, ils sont noirs, velus et trapus; leurs mains sont armées de griffes de chat et leurs pieds de cornes de bouc; ils ont la face ridée, les cheveux crépus, les yeux creux et petits, mais brillants comme des escarboucles, la voix sourde et cassée par l'âge.

Les nains de la Bretagne, les bergmânnchen de l'Allemagne sont regardés comme d'un extrême habileté dans l'art de travailler les métaux. Les idées défavorables que l'on a sur eux, les font même passer chez les Bretons, les Gallois, les Irlandais, comme de faux-monnayeurs; c'est au fond des grottes, dans les flancs des montagnes qu'ils cachent leurs mystérieux ateliers. C'est là, qu'aidés souvent des elfs et des autres génies analogues, ils forgent, ils trempent, ils damasquinent ces armes redoutables dont ils ont doté les Dieux et parfois les mortels. L'un de ces forgerons nommé Wieland [1] ou Vélant, instruit par les nains de la

[1] Voyez sur Velant, un mémoire de M. Depping, dans le t. 5 des Mémoires de la Société des Antiquaires de France, nouvelle série, p. 217 et sv., mais surtout un article du journal publié par M. Haupt et H. Hoffmann, intitulé : Altdeutsche Blätter, t. 1, p. 34 (1835).

montagne de Kallova, s'était acquis une immense renommée. Son nom, de la Scandinavie était passé dans la France, changé en celui de Galant, Galant qui avait fabriqué Durandal, l'épée de Charlemagne, et Merveilleuse, l'épée de Doolin de Mayence; la Vilkina-Saga nous dit que la mère de ce célèbre Vieland était un elf et son père un géant Vade. Suivant d'autres traditions, il serait lui-même un licht-elf. Ainsi les elfs, en une foule de circonstances, voient leur histoire se mêler à celle des nains, et ce mélange démontre leur communauté d'origine. L'Edda parle aussi de l'extrême habileté des elfs dans l'art de travailler les métaux : ce sont eux qui ont forgé Gungner, l'épée d'Odin, qui ont fait à Sifa sa chevelure d'or, à Freya sa chaîne d'or. Le cluricaune irlandais est aussi un forgeron, et le paysan assure entendre souvent la montagne retentir du bruit de son marteau [1].

Où faut-il aller chercher l'origine de ces nains dont nous trouvons la croyance si généralement répandue? La moindre comparaison entre les traditions que nous venons de rapporter et ce que les anciens nous disent des dieux cabires ne nous permet guère de douter que ceux-ci n'aient été les

[1] Cf. Pigott, ouv. cit., p. 225, et Crofton Croker, p. 3, p. 99. On a vu plus haut, par une note, que, dans le nord, les cluricaunes fabriquaient les souliers. Ces objets étaient originairement en métal, et par conséquent du ressort de l'art du forgeron ; aussi disait-on shoe-smith en vieil anglais, au lieu de shoe-maker.

pères des nains des religions celtes et scandinaves. On sait d'ailleurs que les analogies entre les doctrines du druidisme et celles de l'Orient ne sont pas rares. Les Phéniciens ont certainement fait plusieurs établissemens dans la Gaule [1], et c'était dans la Phénicie, à Béryte [2], et dans les îles qui n'en étaient pas fort éloignées, Samothrace, Imbros, Lemnos, que leur culte était principalement répandu. Les cabires étaient des dieux forgerons ainsi que nos nains; on les regardait comme les compagnons, et même comme les fils d'Hephaïstos, le Phtha égyptien, le Vulcain latin [3]. Hérodote nous apprend qu'à Memphis, on les représentait comme des pygmées [4]. Sur les médailles, on les voit le marteau à la main [5]. Tous ces caractères nous reportent précisément aux nains bretons et germains. Le chef des nains de la Bretagne, Gwion, rappelle tous les traits d'Hercule, qui était le même que le Melkarth tyrien, dieu dont le culte avait été apporté dans la Gaule, et qui se confondait aussi avec Hermès, dont Gwion possédait toutes les connaissances magiques, poétiques, al-

[1] Cf. l'intéressant ouvrage intitulé : Das magusanische Europa (in-8°, Hildburghausen, 1830).

[2] Cf. Sanchoniath. ap. Euseb. Præp. evang., lib. 1, c. 10, p. 39.

[3] Cf. Em. David, Vulcain, Recherches sur ce dieu, p. 7.

[4] Lib. 3, c. 37.

[5] Voyez une médaille des Thessaloniciens ap. Millin, Galerie mytholog., n° 330 (LXVIX).

chimiques et métallurgiques. Gwion est très certainement Hercule Gigon, dont il porte presque le surnom. Ce Gigon était aussi représenté sous la forme d'un nain large et ventru. Gwion veille à la garde d'un vase mystique qui contient l'eau du génie de la divination et de la science. Ce vase, qui est celui que nous avons vu plus haut devenir le saint Graal, présente la ressemblance la plus frappante avec la coupe des cabires, coupe mystique attribuée aussi à Dschemschid, qui la trouva, dit-on, en creusant les fondements d'Estakhar, à Bacchus, à Hermès, à Joseph, à Salomon, à Alexandre, et qui est à la fois le miroir magique du monde et le vase de salut [1]. L'eau merveilleuse de ce vase enchanté, est nommée par les Bardes, l'eau de Gwion. L'île d'Alwion ou de Gwion, dont les Romains ont fait Albion, et qu'un ancien poète appelle le pays de Mercure [2], lui doit son nom. Cette qualification de pays de Mercure est une preuve nouvelle de l'identité qui existe entre Hermès et Gwion. L'Hermès celtique est en effet représenté dans un bas-relief, une bourse à la main, précisément comme les Bardes nous dépeignent Gwion [3].

1 Cf. Creuzer, Symbol. tr. Guigniaut, t. 1, p. 440; et Strabon, X, p. 472.

2 Th. de la Villemarqué, Barzas-Breiz, Introd. passim.

3 Cf. Montfaucon, t. 4, p. 414. Myvyrian, Archaiology of Wales, t. 1. p. 158; t. 2, p. 161. Cette bourse symboli-

Les nains sont les sujets de Gwion, et c'est le mercredi, précisément le jour consacré à Mercure, qu'ils célèbrent leur fête. Comme Gwion, ils portent une large bourse de cuir qu'on dit pleine d'or; mais ceux qui l'ont dérobée, n'y ont jusqu'ici trouvé que des crins sales, des poils et une paire de ciseaux.

Les cabires étaient, dans les traditions mythologiques, associés aux curètes et aux corybantes, dans le nom desquels on trouve le même radical *kor* qui appartient au nom de korrigans[1]. Ces noms, si l'on admet l'étymologie assez vraisemblable proposée par Isaac Vossius, viendraient du grec Κοῦρος, enfant, jeune homme, petit. Les cabires se liaient encore aux telchines et aux dactyles idéens, ouvriers mineurs, forgerons ainsi que les nains de l'Allemagne, habiles à travailler l'airain et le fer[2], et sur lesquels existait, comme sur les bergmännchen, une infinité de légendes populaires. Les corybantes et les curètes se livraient

que est encore un des traits qui rapprochent Gwion et les nains de Mercure. Ce dieu, comme on le sait, était représenté souvent une bourse à la main. Dans la Gaule, où Mercure était surtout considéré comme le dieu du commerce (Nundinator), cette bourse lui a été donnée comme emblème, bien plus fréquemment qu'en Italie.

[1] Ce radical *kor*, réparaît également dans le nom de Κοῦραι, sous lequel les nymphes étaient souvent désignées. Cf. Pindarus, Pyth. 3, ant. 4.

[2] Cf. K. Hoeck, Kreta, t. 1, p. 305 et sv.

fréquemment à des danses bruyantes, dans les orgies qu'ils célébraient; ces danses rappellent celles des nains, des trolls et des fées. Ils exécutaient, en l'honneur de Sabazius ou de Cybèle, la Σίκιννις dans l'île de Crète, ils dansaient la πρύλις [1] appelée ensuite πυῤῥίχη, c'est-à-dire la danse ignée, en frappant leurs épées et leurs boucliers. Tout le monde sait que c'est ainsi qu'ils dérobèrent à Saturne les vagissements de Jupiter qui venait de naître [2]. Les curètes et les corybantes joignaient à leurs chœurs religieux les éclats d'une musique bruyante. Les cimbales, les tambours, les crotales et le sistre unissaient leurs sons aigus, dans ces étourdissants concerts, qui valaient à leurs auteurs le surnom de χαλκοκρατοί [3]. La musique est aussi l'occupation favorite des elfs et des nains; en Ecosse on entend souvent des flancs des montagnes, de l'intérieur des tombelles, les accords d'une musique lointaine. En Norwége, on appelle cette musique *huldre slaat;* elle est monotone, les sons

[1] Cf. Plutarch. Erotic., t. 9, p. 41, ed. Reiske. Schol. Sophocl. Ajac., v. 685, p. 337, ed. Erfurt. Eustath., ad Homer., Iliad. 16, p. 1078, ed. Rom.

> Οὖλα δὲ Κούρητές σε περὶ πρύλιν ὠρχήσαντο
> Τεύχεα πεπληγόντες.
>
> Callimach., Hymn. in Jov., 52.

[2] Cf. Hoeck, Kreta, t. 1, p. 212.

[3] Orph., hymn. 37.

en sont sourds et réguliers [1]. Dans l'antiquité, les cabires, dieux nains, sont associés à Hercule, dieu géant. Une association analogue, née de la première, se retrouve aussi au moyen-âge. Les nains, les géants sont constamment unis dans les légendes. Ici l'on dit sur le compte des nains, ce qu'ailleurs on raconte des géants. Souvent ces derniers ont les premiers pour auxiliaires, absolument comme dans la mythologie égyptienne, on voit les pygmées secourir Antée [2].

Dans les contrées septentrionales, les souvenirs des nains et des elfs se sont unis à ceux de la résistance que les anciens habitants du pays opposèrent à l'invasion étrangère, et cette association a dû donner aux traditions qui s'attachaient à ces être fantastiques, une physionomie nouvelle. Les peuples de souche finnoise qui occcupaient la Scandinavie, se défendirent longtemps contre les conquêtes des Ases. Vaincus, ils se retirèrent dans les bois et les montagnes pour y mener une vie triste et cachée, subsistant sans doute par le brigandage; mais pour les paysans de la Gothie et du Warmland, cette race dont l'existence avait pris un caractère en quelque sorte mystérieux et singulier, devint des génies malfaisants qui habitaient sous terre ou au fond des bois, des sorciers en guerre

[1] Crofton-Croker, p. 3, p. 91.

[2] Creuzer, tr. Guigniant, t. 1, p. 160.

permanente contre la population [1]. Une autre race de plus haute stature, vaincue également par les conquérants, les jättes ou jothen, se transforma dans la tradition populaire, en une nation de géants sur laquelle Thor avait épuisé ses coups [2]. Ce dieu redoutable combattit aussi les nains, les berggeister; il lança contre eux ces masses énormes de pierres qu'on trouve çà et là éparses sur le sol [3]; en France on attribue aux fées le transport de pareils blocs [4].

Quand le christianisme fut apporté dans la Germanie, on n'abandonna pas la croyance à tout ce monde des esprits, mais comme une idée d'hos-

[1] Afzelius, ub. von Ungewitter, t. 1, p. 160.

[2] Id., t. 1, p. 47.

[3] Cette croyance a fait donner par les paysans, le nom de *Thonkeile* aux météorites. Cf. Afzelius, t. 2, p. 12.

[4] A Bourg-Lactic, en Auvergne, on voit des prismes basaltiques que les paysans appellent, rochers des Fades, et que les fées, ajoutent-ils, ont apportés dans leur tablier. Cf. Bouillet, Tablettes historiques de l'Auvergne, t. 2, p. 290. Dans plusieurs contrées du Nord, ce sont les trolls qu'on regarde comme les auteurs de ces colonnes basaltiques qui forment souvent d'énormes cavernes ou des chaussées d'une élévation prodigieuse: on nomme ces constructions naturelles, *trollahlavd*, c'est-à-dire, constructions des trolls; *trollkonugardr*, c'est-à-dire. dortoirs, cimetières des trolls; *trollakirka*, église des trolls. En Allemagne, ces trolls sont devenus des diables, et c'est à ceux-ci qu'on rapporte les mêmes objets; de là les noms de *Teufelsmauer*, *Teufelsbrücke* qu'on leur attribue. En France, on a donné le nom de Chaussée-des-Géants à un monument basaltique des Cévennes, et dans l'Ulster, le célèbre *giant's Causeway* a dû le même nom à des traditions populaires identiques.

tilité était inhérente au caractère qu'on attribuait à ces êtres, on en fit des adversaires du nouveau culte : on peignit dans les légendes, les stegmânnern, les waldfürsten, les bergmnänchen, comme des ennemis acharnés du clergé ; on les voua naturellement à la damnation. On fit plus, en certains endroits, on les changea en diables. Il est vrai que la forme hideuse sous laquelle on les représentait généralement, devait prêter à cette assimilation. Ainsi, le moine de Saint-Gall conte l'histoire d'un de ces esprits mystérieux dont il fait un diable velu[1] ; Gervais de Tilbury [2] change en esprit de ténèbres le lutin dont il parle, d'après le récit de son temps. Ce lutin a l'aspect d'un vieillard, a la face ridée, a la taille de pygmée et se reconnaît pour un de nos nains. On en doit dire autant de Zabulon, le démon à longue barbe d'Ordéric Vital. Au reste, cette assimilation des nains aux démons remonte plus haut que les chroniques : les démons incubes *dusien*, dont il est question dans saint Augustin[3], ne sont autres que les nains bretons nommés encore duz, duzik, dans les chants populaires[4].

1 De Carolo Magno, ap. D. Bouquet, t. 9, p. 116.

2 Otia imperiala, p. 141.

3 De Civit. Dei, lib. 15, c. 23. S. Isidore de Séville, Origines, lib. 8, c. 9, en rappelant leur nom de *Dusii*, les désigne sous celui de *Pilosi*, et dit que leur nom grec est πανίσκοι ; il les identifie aux satyres.

4 Cf. Th. de la Villemarqué, Barzas-Breiz, t. 1, p. 42. La croyance aux démons incubes remonte à celle aux nains ou

Les nains, disent les paysans armoriquains, fuient la présence de l'homme; ils se sont retirés dans les montagnes, dans les bois, dans les souterrains, et souvent même quand la civilisation nou-

esprits nocturnes qui venaient, sous les formes les plus bizarres et les plus effrayantes, tourmenter les hommes durant leur sommeil. Dans le Nord, ces esprits étaient désignés sous le nom de *mar, mahra, mahr,* et ils se rattachaient aux alps ou elfs et aux druds. Les mots qui en différentes langues européennes, servent à désigner le sommeil agité, accompagné d'oppression et de rêves affreux, sont empruntés au nom de mahr. En danois, *maren*, en anglais, *nightmare*, en français, *cauchemar*, en allemand, *nachtmar*. Dans les contrées scandinaves, on croit que la mahr prend plaisir à tirer les hommes par les cheveux, comme les lutins de l'ouest de la France s'amusent à tirer les crins des chevaux. La maladie nommée plica en polonais, et dans laquelle les cheveux deviennent comme une sorte de feutre, s'appelle en suédois *marlock*, dans la basse Allemagne, *mahrklatte*, *mahrenzopff*, en allemand, *mahrenvlicht*, c'est-à-dire, chevelure tressée, tapée, bouclée par la main de la mahr. Voyez une dissertation intéressante sur ce sujet, écrite sous forme de lettre, par M. le baron Coquebert-Montbret, ap. Mém. des Antiq. de France, 1re série, t. 6, p. 295. Chez les nations superstitieuses, le cauchemar a dû être naturellement rapporté à l'action d'un démon qui lutine le dormeur, et ces rêves voluptueux, produits chez l'homme par l'écoulement seminal involontaire, et dans lesquels on s'imagine avoir commerce avec quelque beauté mystérieuse, nés chez la femme d'excitations hystériques ou de sensations analogues qui lui font croire qu'elle se livre à des étreintes amoureuses, ont été l'origine de la même croyance chez tous les peuples. Les pilosi des Hébreux, les panisques, les satyres, les éphialtes des Grecs, les faunes, les sylvains des Latins, les démons incubes ou succubes, les sylphes du moyen-âge, sont autant d'enfans de l'imagination du dormeur, agitée par ses sens, et comme l'observe Cicéron, De Nat. Deorum, 3, 7, il ne faut chercher nulle part ces êtres fantastiques. Cf. sur l'explication du cauchemar un chapitre curieux, *de incubo,* dans le tom. 1,

velle les pressa trop vivement, ils disparurent complètement. En plusieurs contrées de l'Allemagne et de la Grande-Bretagne, on raconte leur disparition.

A la ville de Greifswald et dans les environs, c'est une tradition répandue chez le peuple, que jadis, à une époque que l'on ne peut plus déterminer, le pays était habité par un grand nombre de nains. On ignore le chemin qu'ils ont suivi en s'en allant, mais on croit qu'ils se sont réfugiés dans les montagnes[1]. Une légende prussienne raconte comment les nains qui habitaient Dardesheim, furent chassés par un forgeron, et comment depuis on ne les a plus revus[2]. Dans l'Erzgebirge, une tradition toute semblable dit que les nains ont été chassés par l'établissement des forges[3].

partie 2, de l'excellent ouvrage du célèbre Joseph Franck, intitulé : Praxeos medicæ universæ præcepta (c. X, p. 452, Lipsiæ, 1832). On trouvera dans ce chapitre la bibliographie complète de tous les auteurs qui ont écrit sur ce sujet.

1 Temme, Volkssagen von Pommern und Rügen, p. 254.

2 Bei Dardesheim in einem Berge
Logirte einst vor alter Zeit
Ein ganzes Vôlkchen kleiner Zwerge
In friedlicher Verbogenheit.

Nur wenn im Mondeschein sie spielten
Da sah man, sonst nirgends mehr.

dit la légende de Goldemar ou Wolmar, l'Erdmânnkônig.

Widar-Ziehnert, Preussens Volkssagen, I., n° 49; II, n° 3.

3 Grimm, ouv. cit., t. 1, p. 53.

Dans le Harz, même légende [1]. Le peuple du Nord-Jutland dit que les trolls ont quitté Vendsyssel, pour ne plus reparaître [2]. Toutes ces traditions sont des images de la destruction des antiques croyances et de l'expulsion des anciens habitants qui y étaient demeurés attachés [3], de l'émigration d'un peuple adonné peut-être à l'industrie des mines et des métaux, forcé par le vainqueur d'abandonner son travail et ses ateliers. Le cri de joie que poussaient les jeunes gens, qui dans le nord célébraient sous des déguisements bizarres et dans des divertissements bruyants, la fête de Noël ou de Jul, rappelle encore la fuite des trolls : Trollollay (troll on way), criait-on. Ce vivat qu'on ne comprenait plus, était l'anathème de la foi nouvelle contre le paganisme septentrionnal, qui fuyait devant elle. En 1540, Thomas Cromwell donnait ce même mot, dans une de ses chansons, comme très efficace pour chasser le diable. Il est inutile de montrer l'enchaînement de toutes ces idées, le lecteur le devinera aisément [4].

Dans la France, on raconte de même en plusieurs lieux, le départ des fées. En disparaissant les nains ont emporté le secret de leur science ; ils

[1] Grimm, ouv. cit., t. 1, p. 270.

[2] Keightley, the Fairy Mythology, t. 1, p. 202.

[3] Cf. Crofton-Croker, ouv. cit., P. 3, p. 70.

[4] Cf. Transactions of the Society of Antiquaries of Scotland, vol. 2, p. 1 (1818).

ont caché leurs trésors désormais introuvables à l'homme, ils les ont enfouis, comme les dames fades de Viviers près de Metz, qui, à l'arrivée de saint Colomban, enfouirent leurs richesses dans un souterrain du château et ne reparurent plus [1]. Les nains bretons peuvent seuls déchiffrer les caractères cabalistiques qu'on voit gravés sur les faces de divers monuments druidiques ; les nains scandinaves sont en possession de connaissances semblables, et ont seuls la science des runes qu'ils n'enseignent qu'aux mortels qu'ils favorisent.

Cependant dans plusieurs provinces de la Saxe ou de la Franconie, du fond des mines où ils se sont retirés, les nains manifestent encore souvent leur présence aux hommes et, suivant le caractère particulier à chacun d'eux, ils se signalent par d'innocentes malices ou des vengeances terribles ; quelquefois même ils aident le mineur dans ses travaux, ils se familiarisent avec lui, et mille contes amusants racontent les détails de ces relations, de ces réunions singulières [2]. Plusieurs de ces traditions sont les mêmes en Allemagne qu'en Angleterre [3].

[1] Voyez un article de M. E. d'Huart, sur les fées de Viviers. Revue d'Austrasie, nouvelle série, 1841, t. 3, p. 33.

[2] Cf. Afzelius, l. c.

[3] Telle est la légende bretonne du Tailleur et des Nains, dont M. Th. de la Villemarqué a fait remarquer la frappante analogie avec la légende allemande des Nains sur le rocher. Barzas-Breiz, I, p. 42, Cf. Crofton Croker, t. 3, notes.

La nuit prête aux nains son ombre, quand ils vont visiter la terre qu'ils ont jadis habitée; comme les korrigans de la Bretagne, ils forment des rondes sur l'herbe, et le matin, le gazon foulé circulairement, décèle leur passage [1]. Dwergs, trolls, elfs, kobolds, tout le peuple pygmée se livre à une joie enfantine et bruyante. Le rire du kobold est devenu proverbial en Allemagne, il signifie un rire à gorge déployée. Ces fêtes nocturnes rappellent celles que les korrigans célèbrent autour des dolmens, et dans lesquelles elles se passent de main en main, la coupe qui contient la liqueur merveilleuse dont une seule goutte rendrait aussi savant que la divinité [3]. Au jour, le magique festival cesse, tout s'évanouit; la lumière effraie la nation féerique; car elle est craintive, elle fuit le moindre danger, le plus léger bruit. Cette timidité des nains semble une allusion à l'impuissance du peuple vaincu. Usant de ruse, ainsi que tous les êtres faibles, et craignant de voir s'éteindre leur race, les nains comme les korrigans enlèvent les enfants [2]. Leur nom, leur souvenir s'attachent aussi bien que celui des fées, aux monuments druidiques. Les tombelles, les pierres celtiques sont regardées comme leur ouvrage et leur demeure ; plusieurs légendes pareilles à celles qu'on

[1] Cf. p. Th. de la Villemarqué, Barzas-Breiz, l. c.

[2] Temme, Volkssagen von Pommern und Rügen, p. 257.

raconte à Pontusval [1], représentent ces pierres comme les génies eux-mêmes ainsi métamorphosés, en punition de leur attachement à l'ancien culte. A Bergelau, dans la Prusse occidentale, ce sont des géants qui ont été transformés de la sorte [2].

Les femmes des elfs et des nains rappellent par leur beauté et la blancheur de leurs vêtements, nos fées françaises. Mais comme chez celles-ci, cette beauté est souvent trompeuse. Ces yeux charmants, ces traits délicats se changent au grand jour en des yeux caves, des joues décharnées; cette blonde et soyeuse chevelure fait place à un front nu que garnissent à peine quelques cheveux blancs.

Dans la Grande-Bretagne, les mêmes traditions se reproduisent sous des noms différents. Les shithes enlèvent les nouveaux-nés, célèbrent la nuit des danses mystérieuses et laissent sur l'herbe

1 En Bohême, non loin d'Elnbogen, on raconte que des nains ont été aussi changés en pierre. Grimm, o. c., t. 1, p. 48.

2 A un demi-mille de Bergelau, dans le cercle de Prusse occidentale, on voit dans une forêt un cercle de quarante grandes pierres; quoique profondément enfoncées dans le sol, elles s'élèvent encore de deux à quatre pieds au-dessus. Au milieu, sont deux pierres plus grosses que les autres. On dit que ce sont les géants qui ont été changés en pierres par les dieux, qui leur avaient défendu de danser le soir. Les géants, ajoute-t-on, étaient un peuple qui habitait jadis le pays (J. B. von Tettau und Temme, Volkssagen Otspreussens, Litthauens und Westpreussens, nº 246, p. 232). C'est précisément comme on voit la légende des danseuses de Pontusval.

ainsi que les trolls et les fées, l'empreinte de leurs pas [1]. Les brownies sont vouées par le peuple à la damnation, et regardées comme ayant appartenu à la troupe qui faillit avec Satan [2]. La tradition irlandaise nous les dépeint comme redoutant les prêtres. Le vendredi et le samedi, jour de la mort du Sauveur et de dévotion à la Vierge, sont des jours néfastes pour les korrigans et les nains bretons. Les élévations coniques, les monuments celtiques sont rapportés aux shiths et aux brownies, et le nom du pouvoir qu'on leur attribue, *druid each'd*, rappelle encore leur origine druidique [3].

C'est assez accumuler les faits et les traditions. On le voit, en Allemagne, en Ecosse, en Suède, en Danemark, en France, partout les mêmes croyances, c'est-à-dire les mêmes souvenirs. Mais suivant celle de ces contrées, où nous nous transportons, suivant le génie de chaque peuple, les traditions, les légendes qui sont l'expression de ces croyances, présentent une physionomie différente.

[1] To dew her orbs upon the green.

Shakespeare 's Midsummer night 's dream.

Act. II, sc. 1.

[2] Voyez dans l'ouvrage de Crofton Croker, P. I, p. 39, la légende intitulée : The Priest's super. En Espagne, les duendes sont aussi, d'après les idées populaires, exclus du salut, ce qui a fait dire à un poète :

Disputase por hombres entendidas
Si fue de los caidos este duendo.

[3] Stewart, Sketches of Perthshire, p. 261 (in-8°, 1830).

Dans les pays du nord où la nature ne s'offre point avec les lignes nettes et tranchées des climats méridionaux, où un ciel couvert ne répand sur les objets qu'une clarté incertaine et changeante, où ces objets ne présententent pas d'arêtes vives, de contours précis, mais où ils se dégradent et s'effacent dans les brouillards, l'imagination avait libre carrière pour créer tout ce monde fantastique dont nous parlions tout à l'heure, pour transformer en elfs, en nains, en ondins, la moindre apparence bizarre, le moindre jeu d'ombre et de lumière, la plus légère vapeur à la surface du lac. Dans les vastes forêts septentrionales, au pied de ces montagnes sévères, de ces cîmes glacées, dans ces solitudes tristes et muettes, tout porte à la terreur ; l'homme est seul, mais son imagination, comme son instinct de sociabilité appellent sans cesse autour de lui des êtres avec lesquels il puisse s'entretenir, dût-il même les craindre. Dans le nord, les sentiments les plus divers s'unissaient donc en lui pour multiplier dans les lieux qu'il habitait, des êtres dont la tradition, les souvenirs religieux lui enseignaient encore l'existence. Le retentissement de l'écho devenait la voix du nain [1], le moindre sifflement produit par le vent, à travers la bruyère ou contre les

[1] L'écho s'appelle dans le nord, Dwergmale, c'est-à-dire la voix du nain. Grater-Bragur, t. I, 107 ; II, 89. Chez les anciens, l'écho était la voix d'une nymphe ; la superstition était la même.

branches pressées des sapins, indiquait la présence d'un esprit; le fracas du torrent qui roule ou s'échappe en cascades d'un rocher, le cri bizarre d'un oiseau, étaient son ricanement ou son éclat de rire. Quand la pluie d'orage tombait avec force sur le toit de chaume, quand les eaux du fleuve se gonflaient tout à coup, on croyait entendre retentir le cri menaçant du kelpi.

Dans les mines, les causes d'illusion étaient encore plus nombreuses. Là, la chaleur jointe à l'humidité favorise le développement de plusieurs cryptogames luisants, de byssus phosphorescents, de lichenacées, de rhizomorphes souterrains qui se suspendent en festons aux voûtes des excavations, grimpent le long des piliers, tapissent les parois des grottes profondes, et par la lueur bleuâtre qu'ils répandent, semblent annoncer la présence d'un palais mystérieux. Dans ces mines, le feu grisou venait à passer tout à coup, et le mineur que ne protegeait pas encore l'admirable invention de Davy [1], et qui voyait tomber ses frères victimes de cette exhalaison méphitique, croyait voir souffler un esprit malfaisant, un esprit qui se vengeait du téméraire qui venait lui disputer son empire, maître Hammerling, l'esprit de la montagne, dont il redoutait la colère [2].

[1] La lampe de sûreté, inventée par Humphry-Davy en octobre 1815.

[2] Cf. Grimm, o. c., t. I, p. 4. Les mineurs croyaient

En France, une nature moins sauvage et moins sombre n'a pas été aussi favorable au développement de ces croyances, que les paysages sévères de la Scandinavie, les sites romantiques de l'Ecosse. Cependant, dans les parties où son sol riant et découvert a disparu, où son aspect gracieux et animé a fait place à un tableau plus triste et plus austère, on a retrouvé ces mêmes superstitions plus vivaces et plus répandues : sur le gneiss et le granite de la Bretagne, sur les terrains volcaniques de l'Auvergne, au milieu des Vosges couvertes de forêts, en un mot partout où les couleurs se sont rembrunies, les fées, les nains, les esprits mystérieux ont repris leur empire. Le soir, dans les champs de l'Armorike, au milieu de ces pierres gigantesques que le druidisme a semées sur la terre, comme à Carnak ou à Locmariaker, quand les nuages s'abaissent et que la brume efface peu à peu le contour des objets, l'imagination des paysans fait naître à l'entour des monuments pour lesquels il a conservé un reste de vénération, les korrigans et les nains; le vent souffle avec force à travers les genets et les ajoncs, en imitant le froissement d'êtres légers qui passent rapidement; la pâle lueur de la

qu'il se montrait sous la forme d'un géant avec un capuchon noir. On racontait que sur l'Annaberg, dans la caverne que l'on appelle la Rosenkranz, ce génie avait soufflé sur douze mineurs qui travaillaient, et leur avait donné la mort. Aujourd'hui, comme on sait, maître Hammerling s'appelle le bicarbure d'hydrogène.

lune reflétée sur un corps poli, fait paraître comme une nappe blanchâtre ; le peuple croit alors entendre la troupe des fées qui viennent célébrer leur fête nocturne ; il croit voir briller le vêtement blanc qui les pare [1].

Le berceau des fées peut être aujourd'hui regardé comme découvert; nous avons assisté au développement successif de leur existence. Nées sur le sol celte et germain, ces fées ont vécu avec les poètes du moyen-âge, les troubadours et les trouvères. Viviane, Melchior, Melusine, Morgane, Urgande la Déconnue forment une race de souche gauloise à laquelle sont venues se mêler les fictions de la Grèce et de Rome ; race qui s'est éteinte avec la Manto, l'Alcine, la Mélisse d'Arioste, la Titania de Shakespeare, la Gloriane de Spenser, la Silvanella de Boiardo.

En devenant les jouets du caprice des poètes, les fées perdirent le caractère sérieux qui leur avait si longtemps conservé tant de fidèles. La foi vive qu'elles inspiraient disparut peu à peu. Déjà au XIIe siècle, Robert Wace avait vainement cherché dans

[1] Les feux follets ont été regardés par presque tous les peuples superstitieux comme ayant une origine surnaturelle ; en France, on les prenait pour les esprits des enfants morts sans baptême ; dans le Hanovre, on les nomme *Tuckebold*, en Écosse, *Punckie* ; et on les prend pour un esprit elf qui veut égarer les voyageurs dans les marécages ; plusieurs légendes désignent ces feux sous le nom du feu fée, *ignis fatuus*.

la forêt de Bréchéliant ces femmes mystérieuses. Il s'en retourna sans avoir rien vu, s'écriant avec un accent d'incrédulité :

Fol y allais, fol m'en revins,
Folie quis pour fol me tins.

Au moment où les traditions dont les fées avaient été l'objet, allaient être enveloppées dans l'oubli des générations devenues plus sérieuses, un homme d'esprit, Charles Perrault, recueillit quelques-unes d'entre elles ou les emprunta plutôt à Straparole et à Giambattista Basile [1]; et c'est ainsi que sont nés les contes bleus qui ont amusé notre enfance.

Contraste bizarre, ces divinités cachées, ces femmes puissantes et perfides dont la mère redoutait jadis tant la colère pour son fils au berceau, leur histoire est devenue un moyen d'égayer nos premiers ans, de recréer notre imagination naissante. Tel est l'homme, sa raison marche et se fortifie sans cesse; l'idée sérieuse d'aujourd'hui, demain lui servira de hochet.

[1] Plusieurs des contes de Ch. Perrault sont empruntés aux Notti piacevoli de Straparole, publiées à Venise en 1550, et traduites en français de 1560 à 1570; de ce nombre est par exemple le Chat botté. Divers contes de Mme d'Aulnoy, entre autres la Princesse Belle-Étoile, sont également pris du même auteur. En 1637, Giambattista Basile publia à Naples, en dialecte napolitain, le Pentamerone ; c'est le recueil de contes de fées le plus complet qui existe.

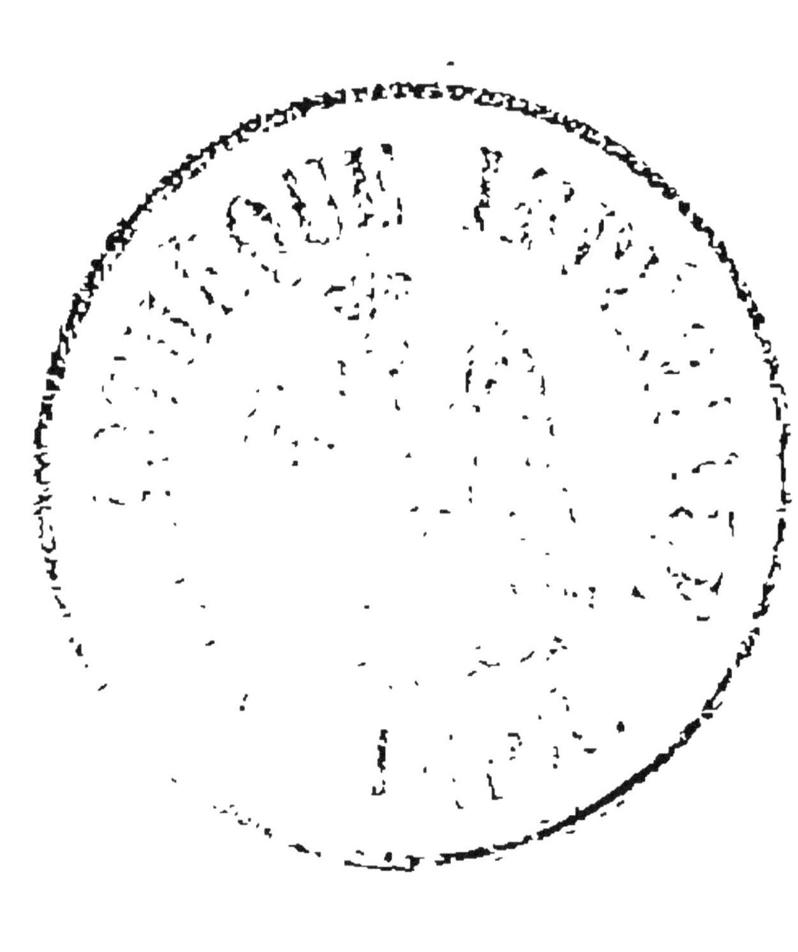

MAURY (Alfred).- Les Fées du Moyen-âge...
- Paris, Ladrange, 1843. IX-102 p.

1984. Bibliothèque Nationale. Paris.

www.ingramcontent.com/pod-product-compliance
Ingram Content Group UK Ltd.
Pitfield, Milton Keynes, MK11 3LW, UK
UKHW020152200726
13856UKWH00003B/960

9 782012 897328